これならわかる！

ケアマネが知っておきたい年金制度基本の「き」

増田雅暢 著

アセスメントやケアプランに差がつく
利用者の生活を支えるお金のはなし

第一法規

はじめに

　高齢者の生活を支えるお金の代表は、年金です。日本全体で2021（令和3）年度の1年間に約56兆円もの年金が国民に支給されています。

　年金は高齢期の生活に大変大事なものです。しかし、年金制度の中身の詳細については、知らない人が多いことでしょう。

　介護支援専門員（ケアマネジャー）のみなさんは、介護サービスの利用者から年金の相談を受ける機会が多いのではないでしょうか。また、2023（令和5）年10月改正の「課題分析標準項目」の中に「年金の受給状況（年金の種別等）」が明記されましたので、アセスメントの際に利用者に年金の受給状況を尋ねる機会が増えることでしょう。

　本書は、年金制度の仕組み、老齢年金や障害年金、遺族年金の具体的内容、iDeCo（イデコ）やNISAという新しい貯蓄法、介護保険や医療保険における年金との関係など、ケアマネジャーのみなさんが知っておきたい年金制度の基本を、わかりやすく、簡潔に説明しています。実践に役立つよう、Q&Aも掲載しています。

　本書がみなさんの年金制度理解の一助となり、利用者支援に役立てていただければ幸いです。

（注）　本書中の基礎年金の額など年金に関わる数字は2023（令和5）年度のものです。これらの数字は毎年改定されることが多いので、本書の利用にあたってはご留意ください。

2023年11月

増田　雅暢

目次

はじめに

Q&A編

解説編

第1章

年金制度

年金制度を理解することは、高齢者の生活を支援していくケアマネジャーにとって大変重要なことです。まず、年金制度の意義や仕組み、保険料の減免制度、話題のiDeCoやNISAなどについて理解しましょう。

1 年金制度の意義―なぜ年金制度が重要なのか

POINT 老後や障害などのリスクに備えるために年金制度は必要

　社会保障制度の中で国民に一番関心をもたれているのが年金制度です。

　社会保障とは、私たちの人生の中で、病気や事故、障害、失業、退職など生活を不安定にするリスクにあったときに、健やかで安心できる生活を保障する公的な仕組みのことです。例えば、病気になったときは公的な医療保険制度により安心して医療機関にかかることができます。**年金制度は、年をとって働けなくなったときの「老後のリスク」に備えて、現役時代から保険料を負担し、高齢期になって年金を受給することにより、老後の生活の安定を図るための仕組みです。**

　国が創設した年金制度を民間の年金制度と区別して表現するときには「公的年金制度」といいます。公的年金制度は、世界では19世紀末のドイツで初めて創設されました。日本では、1930年代に厚生年金保険制度が創設され、1960年代には、すべての国民が公的年金制度に加入する「国民皆年金」の体制が確立しました。

　もし、年金制度がなかったら、私たちの生活はどうなるでしょうか。まず、年老いた親の生活を支えるために仕送りが必要です。一方で、

自分の老後生活の準備もしないといけません。ただし、自分が何歳まで生きるかわからないという「長寿のリスク」があります。

　例えば、毎月20万円の生活費が必要だとすると、年間240万円、65歳から20年間分ですと4,800万円になります。しかし、これだけの貯蓄があれば安心でしょうか。寿命はさらに延びるかもしれません。4,800万円の貯蓄でも足りないということになりかねません。

　公的年金の特徴の一つに**終身で給付が行われる**という点があります。これに対して民間の個人年金は給付期間が限定されていることが一般的です。公的年金は終身の給付ですから、長生きをすればするほど年金の総受給額が多くなります。

　厚生労働省の「令和4年国民生活基礎調査」によると、高齢者世帯の収入の約6割を公的年金が占めています。また、図1の通り、高齢者世帯の約6割は、公的年金が総所得の80％以上を占めています。このように年金は高齢者の生活を支える重要な経済的基盤となっています。

図1　高齢者世帯における公的年金・恩給の総所得に占める割合別世帯数の構成割合

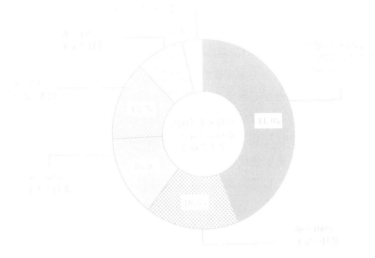

(出典) 厚生労働省「令和4年国民生活基礎調査」

POINT 20歳以上の人は必ず国民年金制度に加入する「国民皆年金」

　日本では、20歳以上の人は、全員が国民年金制度に強制的に加入することになります。全国民が公的な年金制度に加入をして保険料を支払い、高齢期になると年金を受け取ることができる仕組み、これを「国民皆年金」と呼んでいます。

　公的年金制度は、日本ばかりでなく、欧米諸国では20世紀に整備され、アジアでも韓国や中国で創設されています。

　それではなぜ各国で年金制度の整備が行われてきたのでしょうか？それは年金制度が持つ意義が評価され、年金制度の創設が国民に支持されているからです。

　国民にとって年金制度には主として次の3点のメリットがあります。

　① 老後（高齢期）の所得保障
　② 遺族の所得保障
　③ 障害者の所得保障

　①については、年金制度の老齢年金が該当します。一定期間年金保険料を支払うと、老後（高齢期）に老齢年金を受け取る権利が生じます。公的な年金は、生命保険会社等による民間の年金と異なり、一生涯受給することができます。このことは公的な年金の大きなメリットです。給与を得られる仕事から引退した高齢者にとって、年金は生活を支える収入源になります。

　②については、若い世代にはあまり知られていませんが、現実では大きな役割を果たしています。年金保険料を負担し年金受給権がある被保険者本人が死亡した場合、遺族となる配偶者には遺族年金が支払われます。一般的には夫よりも妻の方が長生きをしますから、夫に先立たれた妻は夫の遺族年金を受給することにより、妻自身の高齢期の生活を支えることができます。

③については、年金制度では高齢者でなくても障害に着目をして年金が支給されます。障害基礎年金や障害厚生年金など障害者向けの年金です。これは障害者の所得保障として重要な役割を果たしています。

● 高齢者や遺族、障害者の生活を支える年金

現在、日本は世界一の高齢社会となっていて、65歳以上の高齢者数は約3,500万人（2021（令和3）年10月）です。これらの高齢者の生活を支えるものが、老齢年金であり、遺族年金です。また、障害者の数は約1,000万人ですが、障害者の生活を障害基礎年金などの障害者向けの年金が支えています。

● 公的年金の給付の種類

公的年金の給付の種類は、老齢年金、障害年金、遺族年金の3種類です（図2参照）。
老齢年金は老後（高齢期）の所得保障、障害年金は障害者の所得保障、遺族年金は遺族の所得保障の機能があります。

図2　公的年金の給付の種類

	基礎年金	厚生年金
老齢	老齢基礎年金 保険料を納めた期間などに応じた額	老齢厚生年金 保険料を納付した期間や賃金※1に応じた額
障害	障害基礎年金 障害等級※2に応じた額 （子がいる場合には加算あり）	障害厚生年金 賃金※1や加入期間、障害等級※2に応じた額
遺族	遺族基礎年金 老齢基礎年金の満額に子の数に応じて加算した額	遺族厚生年金 亡くなった方の老齢厚生年金の３／４の額

※1　賃金とは、正確には「平均標準報酬額」といい、厚生年金への加入期間中の給与と賞与（ボーナス）の平均額のことをいう。
※2　障害等級は、基礎年金と厚生年金で共通。障害厚生年金（2級以上）受給者は、同時に障害基礎年金を受給できる。
（出典）厚生労働省『年金制度のポイント』

POINT 日本の公的年金制度は賦課方式

　年金保険制度の財政方式には「賦課方式」と「積立方式」があります。

　賦課方式とは、年金給付に必要な費用をその時々の被保険者（現役世代）が支払っている保険料で賄う方式です。

　賦課方式のメリットとしては、保険料が現役世代の賃金を原資としているので、年金制度における被保険者と受給者の比率（扶養比率）が安定していれば、賃金や物価などの経済変動に対応しやすい面があります。したがって、インフレに強く、賃金・物価の上昇にあわせて保険料を調整し、年金額を維持しやすいという特徴があります。さらに、金利の変動の影響も受けにくいです。

　課題としては、人口構成の変化の影響を受けやすい面があります。具体的には、少子高齢化が進むと被保険者数に対する受給権者の比率が高くなり、年金財政が苦しくなってきます。また、現役世代の人口が減少し賃金も上昇しないという状況でも、年金財政の苦しさが続きます。

　積立方式とは、将来の年金給付に必要な財源をあらかじめ積み立てていく方式です。

　賦課方式とは逆に、少子高齢化による年金制度の扶養比率や年金制度の成熟度の影響は受けにくいです。しかし、年金給付に必要な財源は基本的に積立金の運用によって決まるので、金利変動の影響を受けやすいです。また、インフレには弱く、想定を超えて賃金や物価が上昇した場合には、現役世代の被保険者からの保険料の追加的負担や公費の追加投入等がない限り、年金の実質価値の維持が難しくなります。

　日本の公的年金制度は、厚生年金、国民年金とも制度が発足した当初は積立方式でしたが、現在では、**実質的に賦課方式で運営されています。**賦課方式は、現役世代の被保険者の保険料で高齢世代の

年金給付を支える仕組みであり、現役世代が高齢世代を支え、その現役世代が高齢期になると次の世代に支えられるという構造になります。厚生労働省は、このことを「世代間での支えあい」と呼んでいます（図3参照）。なお、世界の年金制度をみても、大多数の国では賦課方式で運営されています。

図3　日本の公的年金制度の財政方式

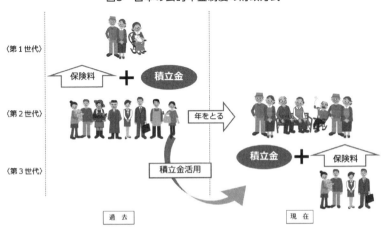

（出典）図2に同じ

● 現時点で賦課方式を積立方式に変更することが難しい理由

　　年金の財政方式である賦課方式は人口構成の変化（少子高齢化）の影響を受けることから、積立方式に変更した方がよいという意見がありますが、次の理由から非現実的な提案といえます。

　　賦課方式を積立方式に変更すると、現在、年金保険料を負担している現役世代の被保険者は新たに積立方式のもとでの自分自身の保険料を負担することになります（第1の負担）。一方、年金を受給している高齢者世代は、年金の財源であった現役世代からの保険料移転がなくなりますから、新たに現役世代の税負担などにより対応しないといけません（第2の負担）。このように「二重の負担」がかかります。特に第2の負担は約40兆円（2022（令和4）年）にも上る規模ですから、税金で負担しようとしても大変な増税が必要になり、不可能です。

POINT 2階建ての公的年金制度

　年金制度はその管理運営主体や仕組みの違いによって**公的年金**、**企業年金**、**公的な個人年金**、**民間の個人年金**の4つに分かれます。

　公的年金制度は国（日本年金機構）が管理運営しているもので、次の2つです。

　① 　**国民年金**

　② 　**厚生年金保険**

　この2つの制度の詳細はこの後で説明しますが、国民年金は20歳以上のすべての国民が加入する制度、厚生年金保険は企業のサラリーマンや公務員が加入する制度です。

　20歳以上のすべての国民が国民年金の被保険者になり、高齢期になると基礎年金を受給できます。民間のサラリーマンや公務員は国民年金の加入者であるとともに、厚生年金の被保険者となり、高齢期になると基礎年金に加えて報酬比例の年金（厚生年金）を受給できます。

　図4は、国民年金と厚生年金の関係を示しています。国民年金が1階部分、厚生年金が2階部分になりますので、一般に日本の年金制度は「**2階建ての仕組み**」と呼ばれています。

　なお、公務員の場合、かつては共済組合の保険に加入し共済年金を受給していましたが、2012（平成24）年成立の被用者年金一元化法により、2015（平成27）年10月から公務員も厚生年金に加入することになりました。

　企業年金とは企業（事業主）がその会社の従業員に対して行っている年金のことで、確定拠出年金や確定給付企業年金、厚生年金基金があります。これらは企業が生命保険会社等に運営を委託して実施しています。会社に企業年金があればその従業員は必ず加入します。

　公的な個人年金とは、自分の選択により加入するもので、国民年

金基金やiDeCo（イデコ：個人型確定拠出年金）があります。国民
年金基金は全国国民年金基金などが、iDeCoは国民年金基金連合会
が実施主体です。加入するかどうかは個人の任意です。

　民間の個人年金とは、民間の生命保険会社等が行っている年金の
ことです。加入するかどうかは個人の任意です。保険料は将来受け
取る年金額に応じて設定されます。

図4　日本の年金制度の体系

※1　被用者年金制度の一元化に伴い、平成27年10月1日から公務員および私学教職員も厚生年金
　　に加入。また、共済年金の職域加算部分は廃止され、新たに退職等年金給付が創設。
　　　ただし、平成27年9月30日までの共済年金に加入していた期間分については、平成27年10月
　　以後においても、加入期間に応じた職域加算部分を支給。
※2　第2号被保険者等とは、厚生年金被保険者のことをいう（第2号被保険者のほか、65歳以上で
　　老齢、または、退職を支給事由とする年金給付の受給権を有する者を含む）。
〔編注〕　第1号被保険者は、20歳以上60歳未満の自営業者、農業、学生、パート、無業者など
　　　　　第2号被保険者は、民間会社に雇用されているサラリーマンや公務員
　　　　　第3号被保険者は、第2号被保険者に扶養されている配偶者
　　　　＊　第1号から第3号被保険者の詳細は、第1章の「5　国民年金とは」を参照。
（出典）厚生労働省年金局『年金制度基礎資料集』

国民年金とは、国民年金法に基づくもので、20歳以上60歳未満のすべての者が加入して、保険料を負担しながら、高齢期になると基礎年金を受給することができます。

[1] 被保険者

被保険者は、次の通り、**第1号被保険者**、**第2号被保険者**、**第3号被保険者**の3種類に分かれます。

① **第1号被保険者**とは、20歳以上60歳未満の日本国内に住所を有する者のうち、②、③以外の者

② **第2号被保険者**とは、厚生年金保険の被保険者（民間の会社員や公務員）

③ **第3号被保険者**とは、第2号被保険者に扶養される配偶者（被扶養配偶者）であって20歳以上60歳未満の者

第1号被保険者は、第2号被保険者とその配偶者以外の者ですから、具体的には、自営業者やパート労働者、学生、無職の者などが該当します。また、第3号被保険者は大多数がいわゆる専業主婦と呼ばれる人たちです。

第1号被保険者の場合、国民年金への加入時期は20歳の誕生日の前日です。第2号被保険者の場合は会社等に入社したときですので、20歳前に被保険者となることがあります。

第3号被保険者の場合、第2号被保険者の被扶養配偶者ですから、もし第2号被保険者である夫が定年退職をして第1号被保険者になったときは、その配偶者も第3号被保険者から第1号被保険者への種別変更が必要になります。

[2] 保険料

　第1号被保険者の保険料は定額制です。月額16,520円です（2023（令和5）年度）。この金額は17,000円を基本にして毎年度若干改定されます。なお、付加保険料（月額400円）の制度があり、付加保険料を支払った期間分は、基礎年金に加えて付加年金がつきます。

　第2号被保険者の場合は、国民年金保険料は厚生年金保険料の中に含まれています。また、第3号被保険者の場合は、第2号被保険者全体で負担しているという考えから、個々に国民年金保険料を負担する必要はありません。

[3] 国民年金の財政

　国民年金の給付費は、保険料と国庫負担で賄われています。国庫負担は基礎年金給付額の2分の1です。一般の税以外に消費税収も充てられています。

表1　第1号被保険者、第2号被保険者、第3号被保険者の相違

	第1号被保険者	第2号被保険者	第3号被保険者
保険料	定額。月額16,520円（2023年度） 2004年度価格により月額17,000円で固定。ただし、物価や賃金の動向に応じて毎年度若干変動	報酬額に比例。料率は18.3% 労使折半で保険料を負担（本人負担が9.15%）	被保険者本人は、負担を要しない 配偶者の加入している厚生年金保険制度が負担
受給できる年金の種類	老齢基礎年金、遺族基礎年金、障害基礎年金	老齢基礎年金、遺族基礎年金、障害基礎年金　老齢厚生年金、遺族厚生年金、障害厚生年金	老齢基礎年金、遺族基礎年金、障害基礎年金
上乗せ給付	任意で、付加保険料の納付や国民年金基金、iDeCoへの加入が可能	企業により、企業型確定拠出年金や確定給付型年金を実施 任意で、iDeCoへの加入が可能	任意で、iDeCoへの加入が可能
加入者数（2022年3月末）	1,431万人	4,535万人	763万人

著者作成

POINT 厚生年金は公的年金の2階部分で、1階部分に上乗せ

　厚生年金保険は、民間のサラリーマンや公務員が加入する保険です。基礎年金に加えて報酬比例の年金を受給できます。

[1] 適用事業所

　常時5人以上の従業員を使用する事業所（一部サービス業等の非適用事業所を除く）、法人の事業所、船舶は強制適用事業所となります。それ以外の事業所であっても、事業主が従業員の半数以上の同意を得た上で、認可を受けると任意適用事業所になることができます。

[2] 被保険者

　適用事業所に常時使用される70歳未満の者は、必ず被保険者となります。適用事業所に使用される70歳以上の者であっても、老齢基礎年金などの受給権を有しない者は、受給資格期間を満たすまでの間、申請により被保険者となることができます。

　厚生年金保険への加入日は、基本的にはその人が働きだした初日になります。

[3] 保険料

　標準報酬月額の18.3％。ボーナスも対象になります。これを事業主と被保険者で折半しますので、被保険者本人の負担割合は9.15％です。

[4] 厚生年金保険の財政

　厚生年金保険からの給付金の財源は、基本的に被保険者の保険料で賄われています。

(参考) 標準報酬とは

　被保険者が事業主から受ける毎月の給料などの月額報酬を区切りの良い幅で区分した報酬のこと。等級と金額が定められている。一般的に4月から6月の3カ月間の報酬の支給額平均に基づいて決定される。

● パート労働者の厚生年金保険加入の動向

　これまで適用事業所に勤務していても**パート労働者やアルバイト**の場合は、厚生年金保険の被保険者になることはできませんでした（その代わり国民年金の被保険者すなわち第1号被保険者になります）。しかし、正規従業員と同様に事業所の被用者ですから、近年、一定の要件に該当する場合には厚生年金の被保険者とする制度改正が行われています。

　すなわち、2016（平成28）年10月から、①労働時間が週間で20時間以上、②月額賃金が8.8万円以上、③勤務期間1年以上見込、④学生は適用除外、⑤従業員500人超の企業、という5つの要件の下で、これらに該当する短時間労働者の厚生年金への適用拡大が始まりました。

　2022（令和4）年10月からは、適用拡大の5要件のうち、勤務期間1年以上見込の要件を撤廃するとともに、従業員100人超企業に適用されることになりました。さらに、2024（令和6）年10月からは50人超企業に引下げられます。

● 配偶者の扶養内で働くパートなどの厚生年金・健康保険料の負担の変化

　パート労働者の年収によって、表2の通り、社会保険料負担に変化が生じます。

表2　年収と社会保険料負担の関係

勤め先	年収の額	保険料負担
従業員101人以上の企業	年収が106万円未満の場合	配偶者の扶養に入ると、保険料負担はなし
	年収が106万円を超える場合	扶養から外れ、厚生年金保険や健康保険の被保険者となり、保険料負担が生じる
従業員100人以下の企業	年収が130万円未満の場合	配偶者の扶養に入ると、保険料負担はなし
	年収が130万円を超える場合	扶養から外れ、厚生年金保険や健康保険の被保険者となり、保険料負担が生じる

(注)　2023年4月現在
著者作成

POINT 国民年金の保険料には免除制度があるので活用すべき

[1] 保険料の免除

　国民年金の第1号被保険者の中には、失業して収入が減少するなど経済的な理由から一時的に保険料の納付が困難になる人がいます。このような人のために、国民年金制度では保険料免除の仕組みが設けられています。**もし保険料を払わないと将来の年金を受給できなくなったりするおそれが生じます。**保険料の免除制度を利用すれば、将来受け取る年金は減額されますが、被保険者の資格が継続されることにより将来の老齢基礎年金を受け取ることができます。

　また、免除された保険料は、**10年以内であれば追納することができ、追納した場合は保険料を納めた期間として計算され、年金額に反映されます。**

[2] 申請免除と法定免除

　保険料の免除には、<u>申請免除と法定免除</u>があります。また、納付猶予制度もありますが、本章の「8　保険料の免除制度（その2）」を参照してください。

① 　保険料の申請免除

　本人や配偶者、世帯主の前年所得が一定額以下の場合や失業した場合には、市町村（東京23区を含む。以下同じ）に申請することにより、保険料の全額または一部（4分の3，半額、4分の1）の納付が免除されます。なお、免除された額に応じて基礎年金は減額されます。

② 　保険料の法定免除

　次のような事由に該当する人は、市町村へ届け出ると、保険料が免除されます。

　　ⅰ　障害基礎年金の受給権者

　　ⅱ　生活保護法による生活扶助を受けている人

　　ⅲ　ハンセン病療養所などに入所している人

③　申請手続き

　市町村の国民年金担当窓口に、国民年金保険料免除・納付猶予申請書（役所にあります）を提出します。

表3　国民年金の保険料の免除の対象となる所得の基準（2023年度）

全額免除	（扶養親族等の数＋1）×35万円＋32万円	16,520円	0円
4分の3免除	88万円＋扶養親族等控除額＋社会保険料控除額等	12,390円	4,130円
半額免除	128万円＋扶養親族等控除額＋社会保険料控除額等	8,260円	8,260円
4分の1免除	168万円＋扶養親族等控除額＋社会保険料控除額等	4,130円	12,390円

（注）　毎年度の国民年金保険料の改定により保険料免除額等も変更されます。
（出典）日本年金機構ウェブサイトをもとに著者作成

● 国民年金の保険料の未納により受ける主な不利益

　①　老齢基礎年金を受給できない、あるいは受給できたとしても未納期間により減額される。

　②　障害を負ったときに障害基礎年金を受け取れない。

● 国民年金保険料の納付義務と未納の場合のペナルティ

　国民年金第1号被保険者は、国民年金保険料を納付する義務があります。また、第1号被保険者の世帯主および配偶者は、国民年金保険料を連帯して納付する義務があります。国民年金保険料の納付期限は、納付対象月の翌月末日です。

　国民年金保険料の未納が続くと、やがて日本年金機構から督促状が送付されます。納付期限までに納付されない場合は、財産の差し押さえが行われます。被保険者に連帯納付義務者（世帯主および配偶者）がいる場合は、連帯納付義務者に対しても財産の差し押さえが行われます。

⑧ 保険料の免除制度（その2）

> **POINT** 学生や出産・子育てをしている場合の保険料の納付猶予や免除

　学生や就職困難または失業中で所得が低い人や、出産・子育てをする人を支援するために保険料の納付猶予や免除制度があります。

[1] 保険料の納付特例・納付猶予

① 学生納付特例制度

　学生（大学・大学院、短期大学、高等学校、高等専門学校、専修学校、各種学校など、学校教育法に規定されている修業年限が1年以上の課程がある学校に在学する人）で、本人の所得が一定額以下の場合に、在学中の保険料の納付が猶予されます。

【所得の基準（申請者本人のみ）（2023（令和5）年度）】

> 128万円＋扶養親族等の数×38万円＋社会保険料控除等

② 納付猶予制度（2030（令和12）年6月まで）

　50歳未満の第1号被保険者について、同居している世帯主の所得にかかわらず、本人と配偶者の前年度の所得が一定額以下の場合に、保険料の納付が猶予されます。

【所得の基準（申請者本人と配偶者）（2023（令和5）年度）】

> （扶養親族等の数＋1）×35万円＋32万円

＊　免除や猶予された保険料は、10年以内であれば、あとからさかのぼって収めること（追納）ができます。収入が増えたときに追納をすることで、将来の老齢基礎年金の減額を防ぐことができます。ただし、免除や猶予を受けてから3年度目以降の追納については、経過期間に応じて一定の加算額が上乗せされます。

[2] 出産・子育てをしている場合の特例措置

① 産休期間中、産前産後期間中の特例

産前産後の休業について、休業を開始した月から終了した月（終了日の翌日の月）の前月までの厚生年金保険料が免除されます。この期間は、保険料を納めた期間とみなされ、休業前の給与水準に応じた老齢厚生年金の給付が保障されます。国民年保険料についても同様の免除があります。

② 育休期間中の特例

子供が3歳になるまでの間の育児休業について、休業を開始した月から終了した月（終了日の翌日の月）の前月までの厚生年金保険料が免除されます。この期間は、保険料を納めた期間とみなされ、休業前の給与水準に応じた老齢厚生年金の給付が保障されます。

[3] 国民年金保険料の前納による割引

国民年金保険料は、一定期間の保険料をまとめて前払い（前納）することができます。

まとめて前納すると割引が適用されます。

例えば、2023（令和5）年度の場合、口座振替で1年前納すると4,150円（3,520円）、2年前納すると16,100円（14,830円）の割引です。

※ （ ）内は、納付書払いまたはクレジットカード払いによる割引額です。

POINT 一人1年金が原則

　公的年金では、支給事由（老齢、障害、遺族）が異なる2つ以上の年金を受けられるようになったときは、原則として、いずれか1つの年金を選択することになります（一人1年金の原則）。

　日本の公的年金制度は、国民年金（基礎年金）と厚生年金との2階建ての構造になっています。基礎年金に厚生年金が上乗せして支払われる制度であるため、同じ支給理由（老齢、障害、遺族）で受け取れる「老齢基礎年金と老齢厚生年金」、「遺族基礎年金と遺族厚生年金」、「遺族基礎年金と遺族厚生年金」は1つの年金と見なされ、あわせて受け取ることができます（図5）。

図5　あわせて受け取ることのできる年金の組み合わせ

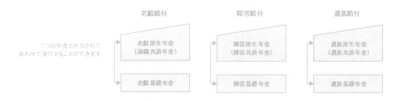

（出典）日本年金機構ウェブサイト

● 支給事由が異なる2つ以上の年金はいずれか1つを選択する

　支給事由が異なる2つ以上の年金を受けられるときは、いずれか1つの年金を選択することになります。このとき、「年金受給選択申出書」の提出が必要です。

　例えば、今まで遺族厚生年金を受けていた人が、63歳になって特別支給の老齢厚生年金を受けられるようになったときは、遺族年金と老齢年金をあわせて受け取ることはできませんので、いずれかを選択することになります。

　また、同じ支給事由であっても2つ以上の基礎年金または2つ以上の厚生年金を受けられるときは、いずれか1つの年金を選択することになります。この場合も「年金受給選択申出書」の提出が必要です。

　例えば、今まで夫（配偶者）が亡くなったことにより遺族厚生年金を受けていた妻が、子が亡くなったことにより新たに遺族厚生年金を受けられるようになったときは、2つの厚生年金をあわせて受け取ることはできません。

図6　1つの年金の選択が必要な例

(出典) 図5に同じ

＊　障害年金と他の年金との併給については、本書の第2章第2節の「4　障害年金と他の年金との併給」を、遺族年金と老齢年金との併給については、第2章第3節の「5　遺族年金と老齢年金との併給の問題」を参照してください。

　企業年金は会社が導入しているもので、従業員の老後の生活を支援する制度として、公的年金の上乗せ給付を行います。主に次の3つの種類があります。

[1] 確定給付企業年金（DB）

　確定給付企業年金は、労使で合意した年金規約に基づき、給与水準や加入期間などをもとにあらかじめ給付額が定められているものです。DB（Defined Benefit Plan：給付建て年金）と呼ばれています。確定給付企業年金には次の2種類があります。

①　規約型確定給付企業年金

　実施主体は厚生年金適用事業所の事業主。労使が合意した年金規約に基づき、企業と信託会社・生命保険会社などが契約を結び、母体企業の外で年金資金を管理・運用し、年金給付を行います。

②　基金型確定給付企業年金

　実施主体は企業年金基金。母体企業とは別の法人格を持った企業年金基金を設立し、企業年金基金で年金資金を管理・運用し、年金給付を行います。

[2] 確定拠出年金制度（DC）

　確定拠出年金制度は、拠出された掛金が加入者ごとに区分され、その掛金と自らの指図による運用の運用益との合計額をもとに給付額が決定されるものです。拠出額があらかじめ定められていることからDC（Defined Contribution Plan）と呼ばれています。給付額は資金運用によって変わります。

　確定拠出年金制度には次の2種類があります。

①　企業型確定拠出年金

　企業の拠出する掛金によって運用を行う年金。拠出限度額の枠内かつ事業主の掛け金を超えない範囲で、加入者が会社の掛金とは別に上乗せして拠出（マッチング拠出）することも可能です。

② 　個人型確定拠出年金（iDeCo）

　個人が拠出する掛金によって運用を行う年金。なお、iDeCoは企業年金の性格はないので、別項で説明します。

[3] 厚生年金基金

　厚生年金基金は、国に代わって厚生年金の給付の一部を代行して行う（代行給付）とともに、**企業の実情などに応じて独自の上乗せ給付を行う**ことができるものです。

　1965（昭和40）年に創設されたもので2000年頃までは企業年金の代表でしたが、経済不況や資産の運用悪化などにより積立不足が社会問題となり、2014（平成26）年に**実質的に廃止されました**。同年4月1日以降、厚生年金基金の新規設立は認められていません。

表4　確定給付企業年金（DB）と企業型確定拠出年金（DC）の主な違い

	確定給付企業年金（DB）	企業型確定拠出年金（DC）
根拠法	確定給付企業年金法	確定拠出年金法
給付額	給付額があらかじめ約束されている	給付額は資金運用によって変わる
掛金	企業が拠出。本人同意の上、2分の1を上回らない範囲で本人が拠出することもある	企業が拠出。従業員個人（加入者）が掛金に上乗せして拠出することができる 加入者が支払った掛金は所得控除の対象
資金運用	企業と契約をした信託会社、生命保険会社等が行う	加入者が運用する 運営管理機関に運用を指示する
途中退職する場合	退職時に一時金を受け取れる場合が多い	原則として60歳まで受け取れない
加入者数（2022年3月末）	930万人	782万人

著者作成

POINT 国民年金基金は第1号被保険者にとっての公的年金の上乗せ。iDeCoは、個人型の確定拠出年金

国民年金基金とは、自営業者やフリーランスなど国民年金の第1号被保険者が、高齢期の所得保障の充実を図るために、任意で加入する制度です。

国民年金基金には、「地域型国民年金基金」である全国国民年金基金と、職種別に設立された「職能型国民年金基金」があります。

「地域型国民年金基金」の全国国民年金基金については、国民年金の第1号被保険者であれば住所地や業種を問わず加入できます。

「職能型国民年金基金」については、基金ごとに定められた事業または業務に従事する国民年金の第1号被保険者が加入できます。職種としては、医師、弁護士、板金業、社会保険労務士、漁業者、クリーニング業などがあります。

国民年金基金には掛金が全額社会保険料控除の対象になるなどの特徴があります（右ページを参照）。

iDeCo（イデコ）は、確定拠出年金法に基づいて運営されているもので、個人型確定拠出年金です。企業年金制度がない企業の会社員向けの制度として創設されました。近年では、自営業者などの国民年金の第1号被保険者、いわゆる専業主婦・主夫の第3号被保険者、企業年金制度がある企業で企業型ＤＣ加入の会社員にまで拡大されています。

iDeCoは、毎月の掛金を自分自身で運用しながら積み立てていき、60歳以降に受け取る「自分でつくる年金」です。毎月の掛金は全額所得控除になり、所得税や地方税の負担が軽減するほか、運用益は非課税という特典があります。iDeCoを始めるには、銀行や証券会

社でiDeCo専用口座を開設する必要があります。掛金の運用方法については、加入者自身が選択します。

● 国民年金基金の特徴

① 掛金が全額社会保険料控除の対象となる（月額の上限68,000円）
② 年金を受け取るとき、公的年金等控除の対象となる
③ 終身年金と確定年金を自由に組み合わせることができる

　国民年金基金には終身年金と確定年金の2種類があります。
　さらに終身年金はA型とB型、確定年金はⅠ型・Ⅱ型・Ⅲ型・Ⅳ型・Ⅴ型にわかれています。1口目は必ず終身年金から選ばなければいけませんが、あとは自由に組み合わせられます。

● iDeCo（iDeCo・個人型確定拠出年金）の特徴

① 掛金は月単位の上限がある（職業に応じて月額12,000円〜68,000円が上限）
② 掛金は全額所得控除される
③ 運用期間は65歳未満まで（国民年金または厚生年金被保険者）
④ 運用益は非課税となる
⑤ 原則として60歳までは引き出すことができない（積立金額の変更や積立の中止は可能）。60歳以降に一時金か年金かで受取方法を選択する
⑥ 一時金の場合は退職所得控除の対象、年金の場合は公的年金等控除の対象となる

⑫ NISAとは

> **POINT** NISA（ニーサ）とは、個人投資家向けの非課
> 税制度。個人の資産形成の手段の一つとして
> 注目されている

[1] NISAの概要

NISAは2014（平成26）年1月から始まった個人投資家向けの非課税制度です。NISAは、Nippon Individual Savings Account（日本版個人貯蓄口座）の頭文字をとったものです。

通常では、株式投資信託や株式への投資では得られた利益には20％（プラス復興特別所得税0.315％）の税金がかかりますが、NISAを使って投資をすると限度額までは税金はかからず非課税になります。

[2] NISAの種類

2023（令和5）年現在、NISAには、成年（18歳以上）の人向けに、「つみたてNISA」と「一般NISA」の2つの制度があります。これらは併用できず、どちらか一方を利用できます。

NISAの利用には年齢の上限がありません。老後資金の準備のために、50代や60代からでも始めることができます。年間投資額には上限があります。iDeCoと異なり途中で引き出すことができます。

NISAを利用するためには、金融機関（銀行など）で専用口座をつくる必要があります。口座数はすべての金融機関を通じて1人1口です。

NISAは自分が選んだ投資対象商品を運用するものですから、元本が保証されるものではないことに留意してください。

● 2024年からはじまる新しいNISA

　NISAは、2024（令和6）年以降、新しいNISAが導入され、年間投資枠の拡大などが図られます。

　新しいNISAでは、1つの口座で2つの投資枠を使えるほか、年間投資枠や非課税保有限度額が大幅に拡充されます。

【新しいNISAのポイント】

　・非課税保有期間の無期限化

　・口座開設期間の恒久化

　・「つみたて投資枠」と「成長投資枠」の併用が可能

　・年間投資枠の拡大（つみたて投資枠で年間120万円、成長投資枠で年間240万円。合計最大年間360万円まで投資が可能）

　・非課税保有限度額は、全体で1,800万円（成長投資枠は1,200万円。また、枠の再利用が可能）

表5　新しいNISAの概要

	つみたて投資枠 併用可	成長投資枠
年間投資枠	120万円	240万円
非課税保有期間 注1	無期限化	無期限化
非課税保有限度額 総枠 注2	1,800万円 ※簿価残高方式で管理（枠の再利用が可能）	
		1,200万円（内数）
口座開設期間	恒久化	恒久化
投資対象商品	長期の積立・分散投資に適した一定の投資信託 現行のつみたてNISA対象商品と同様	上場株式・投資信託等 注3 ①整理・監理銘柄②信託期間20年未満、毎月分配型の投資信託及びデリバティブ取引を用いた一定の投資信託等を除外
対象年齢	18歳以上	18歳以上
現行制度との関係	2023年末までに現行の一般NISA及びつみたてNISA制度において投資した商品は、新しい制度の外枠で、現行制度における非課税措置を適用 現行制度から新しい制度へのロールオーバーは不可	

（出典）金融庁ウェブサイト

第 2 章

各種給付

　ここでは、公的年金給付の代表である老齢年金、障害年金、遺族年金のほか、年金の請求方法やその他の給付制度を解説します。高齢者の「お金」の背景をよく理解して、利用者の支援に役立てていきましょう。

第1節　老齢年金

① 老齢基礎年金とは（その1）

> **POINT** 老齢基礎年金とは、国民年金制度で高齢期に受給できる年金

　老齢年金とは、現役時代に保険料を負担して、原則として65歳以上の高齢期になったときに受給できる年金です。生涯にわたって受け取ることができます。

　老齢年金には、**老齢基礎年金**と**老齢厚生年金**があります。受け取る年金額は、保険料を納めた期間などによって決まります。

　このうち**老齢基礎年金**とは、全国民を対象とする年金です。なお、一般的には「**基礎年金**」とよばれています。老齢基礎年金は、20歳から60歳になるまでの40年間の国民年金の加入期間等に応じて年金額が計算され、原則として65歳から受給できます。

① **受給資格期間**

　老齢基礎年金を受給するには、**10年以上の加入期間が必要**です。以前は25年間必要でしたが、2017（平成29）年8月1日から10年に短縮されました。

　この加入期間は、保険料を支払った期間（保険料納付済期間）と保険料免除期間、厚生年金の加入期間や合算対象期間（カラ期間）の合

計です。また、専業主婦（主夫）として国民年金の第3号被保険者として加入していた期間は保険料納付済期間になります。

② 支給開始年齢

支給開始年齢は65歳です。ただし、60歳からの繰上げ受給や、66歳以降75歳までの繰下げ受給も可能です。

③ 年金額

40年間（12月×40＝480月）保険料を納めた場合、2023（令和5）年度では、満額は年間795,000円（月額換算66,250円）の支給となります。

なお、この金額は、物価や賃金に応じて毎年4月に改定されます。

＊ また、2023（令和5）年度は、年齢によって2種類の年金額となりました。上述の795,000円は1956（昭和31）年4月1日以降生まれの人（新規裁定者）に適用されます。1956年4月1日以前生まれの人（既裁定者）は792,600円です。

④ 老齢基礎年金の計算

年金額の計算式は、以下の通りです。

$$年金額＝満額×\frac{保険料を納めた月数＋【保険料を免除された月数×（1/2～7/8）】}{480（40年×12月）}$$

保険料納付済期間が40年間より短くなると、年金額は減少します。例えば、保険料納付済期間が10年あれば老齢基礎年金を受給できますが、年金額は満額分の4分の1になります。

なお、付加保険料を払っていた人は、付加年金が加算されます。

POINT 老齢基礎年金に関連するものとして、付加年金や保険料免除期間の年金額への適用などがある

[1] 付加年金は老齢基礎年金を増やす方法

　国民年金の第1号被保険者が付加保険料を納付すると、付加保険料を支払った期間分に応じた**付加年金が老齢基礎年金に加算**されます。

　付加保険料は月額400円で、付加年金は200円×払込月数です。例えば20年間（240月）付加保険料（総額96,000円）を払うと、付加年金は48,000円（年額）になります。付加年金を受給して2年を経過後は、付加保険料を上回る付加年金を受給できることになります。結構お得な制度です。

　ただし、国民年金基金に加入している場合は付加保険料を払うことはできません。また、400円と200円は定額で物価スライドはありません。

[2] 保険料免除期間の扱い方

　保険料の免除を受けた期間は、受給資格期間（10年）にカウントされますが、年金額は次のように減額されます。

保険料免除の程度	年金額の換算
全額免除	2分の1
4分の3免除	8分の5
2分の1免除	8分の6
4分の1免除	8分の7

[3] 保険料の追納

　保険料の各免除月から10年以内に免除額を追納すれば、追納した月分は通常に収めた場合の1カ月分として年金額が計算されます。なお、追納の場合、3年以上前の保険料は当時の額そのままではなく、金利を上乗せされた額になります。

[4] 合算対象期間（カラ期間）とは

　合算対象期間とは、年金額には反映されないが資格期間（加入期間）としてカウントできるものです。「カラ期間」といいます。

　合算対象期間の主なものは、2000（平成12）年以降の学生時代の保険料納付特例期間（10年以内に追納しなかった場合）や、海外居住の日本人で国民年金に任意加入できたのに任意加入しなかった期間などです。

　合算対象期間についてはいろいろな事例がありますので、詳しくは年金事務所に問い合わせてください。

[5] 加入期間を増やすためには60歳以降の任意加入の制度がある

　若い頃に保険料未納期間があり加入期間が10年に満たないとか、満額の480カ月に足りないという人には、60歳以降最長5年間または納付月数が480カ月になるまで任意加入の制度があります。これにより加入期間の要件を満たしたり、年金額を満額にしたりすることができます。

③ 老齢厚生年金とは

POINT 老齢厚生年金は現役時代の給与水準によって
年金額に違いがある

　老齢厚生年金とは、厚生年金の被保険者に対して、老齢基礎年金
に上乗せの形で支給される年金です。いわゆる老齢年金の「2階部分」
にあたります。

① 受給資格期間

　老齢基礎年金の受給資格を満たしていて、厚生年金の加入期間が
1年以上あることです。

② 支給開始年齢

　65歳。ただし、60歳からの繰上げ受給や、66歳以降75歳までの
繰下げ受給も可能です。

③ 年金額

　老齢厚生年金は報酬比例の年金です。老齢厚生年金の年金額は、
厚生年金保険に加入していた時の報酬額や加入期間等に応じて計算
されます。報酬比例の額は、次のA＋Bの額です。

A	平均標準報酬月額（※1）×給付乗率（7.125/1000）（※3）×2003年3月までの加入期間の月数

＋

B	平均標準報酬額（※2）×給付乗率（5.481/1000）（※3）×2003年4月以降の加入期間

※1　平均標準報酬月額……2003年3月以前の加入期間について、計算の基礎となる各月の標準報
　　酬月額の総額を、2003年3月以前の加入期間で割って得た額
※2　平均標準報酬額……2003年4月以降の加入期間について、計算の基礎となる各月の標準報酬
　　月額と標準賞与額の総額を、2003年4月以降の加入期間で割って得た額
※3　1946(昭和21)年4月1日以前に生まれた方については給付乗率が異なります。

④ 厚生年金被保険者の老齢年金の総額

　老齢基礎年金と老齢厚生年金の合計額です。一定の要件に該当す
る人には加給年金が支給されます。

　加給年金は、厚生年金被保険者が65歳到達時点で、その人に生計を維持されている65歳未満の配偶者や18歳未満の子がある場合に、老齢厚生年金に上乗せをして支給されるものです。

　加給年金の支給要件は次の通りです。

①	本人の厚生年金加入期間が20年以上
②	配偶者が老齢厚生年金（厚生年金加入期間が20年以上）の受給権を有していないこと、または障害厚生年金等を受けていないこと
③	配偶者が65歳未満で生計維持関係にあること
④	配偶者の年収が850万円未満であること
⑤	子については、18歳に到達した年度末までにあるか、20歳未満で1級または2級の障害者に該当すること（いずれも現に婚姻していないこと）

加給年金の額（2023年度）

配偶者	228,700円
子の1人目	228,700円
子の2人目	228,700円
子の3人目	76,200円

（注）　配偶者への加給年金の額は、老齢厚生年金を受け取っている人の生年月日に応じて、33,800円〜168,800円が特別加算されます。1943（昭和18）年4月2日以降に生まれた人の場合、加給年金額は特別加算と合わせて397,500円になります（2023年度）。

（加給年金の留意事項）

・加給年金の対象である配偶者には、内縁関係の人も含まれます。

・加給年金は繰上げ受給はできず、65歳からの受給開始です。

・被保険者の年金繰下げ期間中は加給年金は受給できません。

・加給年金の配偶者が65歳になると、配偶者自身の老齢基礎年金を受給できますので、加給年金は打ち切られます。しかし、配偶者自身が1966（昭和41）年4月1日以前生まれなら、それに代わる額として配偶者の老齢基礎年金に、生年月日ごとに定められた額が加算されます。これを「振替加算」といいます。

・子の分の加給年金は、子が18歳に達した年度末（1級または2級の障害者の場合は20歳）で打ち切られます。

POINT 老齢厚生年金の支給開始年齢を65歳まで引き上げていく途中で支給される年金として、特別支給の老齢厚生年金がある

　老齢厚生年金は、かつては60歳支給でしたが、1990年代後半から支給開始年齢を段階的に65歳に引き上げていくという制度改正が行われました。

　まず、定額部分 (老齢基礎年金に相当) の支給開始年齢が、2001 (平成13) 年度から2013 (平成25) 年度にかけて、60歳から65歳に段階的に1歳ずつ引き上げられました (女性は5年遅れで実施)。

　続いて、報酬比例部分について、男性は2013 (平成25) 年度から2025 (令和7) 年度にかけて、60歳から65歳に3年ごとに1歳ずつ段階的に引き上げることとされました (女性は5年遅れで実施、2030 (令和12) 年度までに65歳へ引き上げられます)。

　これにより、男性の場合は1961 (昭和36) 年4月2日以降に生まれた人、女性の場合は1966 (昭和41) 年4月2日以降に生まれた人は、老齢厚生年金は65歳支給となります。

　65歳に引き上げていく途中で生年月日に応じて支給される年金を「特別支給の老齢厚生年金」と呼びます。

　なお、特別支給の老齢厚生年金は、報酬比例部分については老齢厚生年金 (報酬比例部分) と同じ計算方法で算定します。

図1　老齢年金の受給開始年齢について

（出典）日本年金機構「老齢年金ガイド　令和5年度版」

POINT 60歳以降で厚生年金保険に加入して働いている場合は、老齢厚生年金と勤労収入との調整が行われる

　60歳以上70歳未満の人が会社に就職して厚生年金保険に加入した場合や、70歳以上の人が厚生年金の適用事業所に就職した場合には、老齢厚生年金の額と給与や賞与の額（総報酬月額相当額）に応じて、老齢厚生年金の一部または全額が支給停止になります。これを**在職老齢年金制度**といいます。

　具体的には、賃金（ボーナス込みの月収）と老齢厚生年金（月額）の合計額が48万円（2023（令和5）年度の基準額）までは年金は全額支給されます。48万円を超えた場合は、賃金の増加2に対して年金1が停止されます。

支給停止額＝{（老齢厚生年金＋総報酬月額相当額（給与）－48万円}÷2

※　総報酬月額相当額：（その月の標準報酬月額）＋（その月以前の1年間の標準賞与額の合計）÷12

　例えば、老齢厚生年金と給与の合計額が58万円であれば超過額は10万円で、その2分の1の5万円が老齢厚生年金から支給停止になります。収入が多ければ、全額が支給停止になります。

　また、在職老齢年金の制度によってカットされた老齢厚生年金は繰下げの対象とはならないことに注意が必要です。なお、老齢基礎年金は在職老齢年金の計算の対象外ですから、全額受給することができます。

　また、2022（令和4）年3月以前は60歳以上65歳未満の人の場合は、基本月額と総報酬月額相当額の合計額が28万円を超えると年金の一部が停止されていましたが、2022（令和4）年4月以降は、65歳以上の在職老齢年金と同じ基準（合計額が48万円）に引き上げられています。

図2　在職老齢年金の計算方法のフローチャート

(出典) 日本年金機構『老齢年金ガイド　令和5年度版』を一部改変

　例えば、老齢厚生年金額が15万円の場合、総報酬月額相当額（賃金）が33万円以下であれば年金額は満額の15万円を受給できます。賃金が41万円になると、年金額は4万円カットされ11万円になります。賃金が63万円になると年金額のカットは15万円になり、年金は全額支給停止になります。

POINT 老齢年金は60歳から受給できるが、減額される

　老齢基礎年金と老齢厚生年金（以下「老齢年金」という）は65歳から支給されますが、本人が希望すれば早めに60歳から64歳の間で受給することができます。これを「**繰上げ受給**」といいます。逆に、65歳からの受給を遅らせて75歳までの間に受給することもできます。これを「**繰下げ受給**」といいます。

　繰上げ受給の場合は老齢年金が減額され、繰下げ受給の場合は老齢年金が増額されます。

　繰上げ受給とは、老齢基礎年金・老齢厚生年金を、本人の希望により、本来の受給開始年齢（65歳）よりも早い時期に受け取ることです。

　繰上げ受給を希望する場合は、60歳から65歳になるまでの間に、年金事務所または年金相談センターに老齢年金支給繰上げ請求書を提出してください。老齢基礎年金と老齢厚生年金はあわせて繰上げ受給の請求をする必要があります。

　手続きを行った時点で繰上げ減額率が決まります。繰上げ減額率とは、繰上げ受給の請求をした時点（月単位）に応じて、本来の受給開始日までの月数ごとに**0.4％年金額が減額**されます。

　例えば、60歳時点では24％（0.4％×12月×5年）減額されます。**その減額率は生涯変わりません**。また、減額された年金は、繰上げ請求した月の翌月分から受け取ることができます。

（注）　1962（昭和37）年4月1日以前生まれの方の場合は、減額率は月数ごとに0.5％で最大30％減額でした。

　厚生労働省「令和3年度厚生年金保険・国民年金事業の概況」によると、国民年金の繰上げ率は27.0％、低下傾向にあります。

　　繰上げ受給は、年金を早く受け取れるメリットがありますが、次の通り、いくつかの点について注意する必要があります。

繰上げ受給をすると、60歳から早めに老齢年金を受給できるのはよいのですが、次のように注意すべき点があります（主なものを列挙しています）。

① 　繰上げ受給をすると減額された年金額が生涯にわたって続くことになります。60歳で繰上げ受給をすると、65歳から年金を受給した人と比べて、79歳までは繰上げ受給をした方が累計の年金総額は上回りますが、**79歳以降になると65歳から年金を受給した人の方が累計年金総額は多くなり**、その後はますますその差が大きくなっていきます。

　　男性でも平均寿命が80歳を超えている状況では、繰上げ受給をすると結果的に損をするという可能性が大きいでしょう。

② 　老齢年金を繰上げ請求したのちは、繰上げ請求を取り消すことはできません。

③ 　繰上げ受給開始後は、65歳になるまでは遺族厚生（遺族共済）年金と繰り上げた老齢年金を同時に受け取ることはできません。

④ 　老齢年金を繰上げ請求すると、国民年金の任意加入や保険料の追納はできなくなります。

⑤ 　繰上げ請求をした日以後は、国民年金の寡婦年金は支給されません。

⑥ 　繰上げ請求をした日以後は、重い病気やけがで障害状態になっても、障害基礎年金を請求することができません。

POINT 老齢年金は66歳以降75歳まで繰り下げて受給でき、増額される

　老齢基礎年金・老齢厚生年金は、希望すれば、本来の受給開始年齢（65歳）よりも遅い時期に受け取ることができます。これを「繰下げ受給」といいます。

　繰下げ受給を希望する場合は、年金請求書を提出する必要はありません。自動的に繰下げ受給の開始を待つ状態（繰下げ待機期間）になります。繰下げ受給を希望する時期に、年金事務所または年金相談センターに、老齢年金支給繰下げ請求書を提出します。繰下げ受給は、66歳から75歳（1952（昭和27）年4月1日以前生まれの方は70歳）になるまでの間に請求することができます。

　繰下げ受給の請求をした時点（月単位）に応じて、受給権発生年月日から繰下げした月数ごとに**0.7％年金額が増額**され、その増額率は生涯変わりません。例えば、70歳時点では42％、75歳時点では84％増額されます。厚生労働省「令和3年度厚生年金保険・国民年金事業の概況」によれば、国民年金の受給権者の繰下げ率は1.8％です。

図3　繰下げ受給のイメージ

(注)　老齢基礎年金・老齢厚生年金それぞれについて増額され、増額は生涯続きます。どちらか一方のみ繰下げすることも可能です。
(出典) 日本年金機構『老齢年金ガイド　令和5年度版』を一部改変

● 繰下げ受給で注意すべきこと

　繰下げ受給をすると老齢年金額が増加しますが、例えば、70歳で受給し始めた場合、65歳から受給した人に対して累計の年金額が追い越すのは約81歳と見込まれます。それ以降はその差が大きくなっていきます。**81歳以上長生きをすれば、繰下げ受給の効果は大きいです。**逆にいえば、81歳前に死亡すると、65歳受給の方が得だったということになります。

　また、次のような注意すべき点があります（主なものを列挙しています）。

①　老齢基礎年金と老齢厚生年金はどちらも繰下げ受給にすることも、あるいはどちらかを繰下げ受給にすることも可能です。

②　加給年金額は増額の対象にならず、また、繰下げ待機期間（年金を受け取っていない期間）中は加給年金を受け取ることはできません。

③　日本年金機構と共済組合等から複数の老齢厚生年金を受け取ることができる場合は、すべての老齢厚生年金について同時に繰下げ受給の請求をしなくてはいけません。

④　もし繰下げ待機期間中に亡くなった場合は、65歳から亡くなった時期までの年金について、「未支給年金」として遺族が受け取ることができます。その場合、受給できる年金は繰下げ増額の対象外で、本人の65歳時点での受給額に経過期間を乗じた額になります。

⑤　在職老齢年金制度により、年金の全部または一部が支給停止されている人は、在職支給停止相当分は繰下げによる増額の対象となりません。

⑥　老齢年金を繰り下げることで年金額は増えますが、医療保険・介護保険料の自己負担や税金・社会保険料は増加する方向で影響を受ける可能性があります。

繰上げ受給・繰下げ受給で受け取れる年金額

　年金を繰り上げた場合と、繰り下げた場合の受給額を比較してみましょう。

　表1は、老齢基礎年金を繰上げ受給した場合に受け取れる年金の額です。

　65歳時点での年間795,000円が、60歳繰上げ受給では年間604,200円（24％減）になります。

表1　老齢基礎年金を繰上げ受給した場合の年間受給額（2023年度）

年齢	年間受給額（円）	65歳での受給額を100とした場合の比率（％）	月額換算（円）
60歳	604,200	76.0	50,350
61歳	642,360	80.8	53,530
62歳	680,520	85.6	56,710
63歳	718,680	90.4	59,890
64歳	756,840	95.2	63,070
65歳	795,000	100	66,250

（注）　1956（昭和31）年4月2日以降の生まれの場合。なお、老齢基礎年金額は毎年若干変動しますが、65歳での受給額を100とした場合の比率は変わりません。
著者作成

一方、老齢基礎年金を繰下げ受給した場合に受け取れる年金の額は表2の通りです。

　65歳時点での年間795,000円が、70歳繰下げ受給では年間1,128,900円（42％増）、75歳繰下げ受給では年間1,462,800円（84％増）になります。

表2　老齢基礎年金を繰下げ受給した場合の年間受給額（2023年度）

65歳	795,000	100	66,250
66歳	861,780	108.4	71,815
67歳	928,560	116.8	77,380
68歳	995,340	125.2	82,945
69歳	1,062,120	133.6	88,510
70歳	1,128,900	142.0	94,075
71歳	1,195,680	150.4	99,640
72歳	1,262,460	158.8	105,205
73歳	1,329,240	167.2	110,770
74歳	1,396,020	175.6	116,335
75歳	1,462,800	184.0	121,900

（注）　1956（昭和31）年4月2日以降の生まれの場合。なお、老齢基礎年金額は毎年若干変動しますが、65歳での受給額を100とした場合の比率は変わりません。
著者作成

● 年金の繰下げ・繰上げの受給額シミュレーション

　年金受給を繰り下げた場合の受給額は50歳以上の人に送付される「ねんきん定期便」で、年金受給開始を70歳および75歳まで遅らせた場合の受給見込額を確認することができます。また、「公的年金シミュレーター」（https://nenkin-shisan.mhlw.go.jp）でも、将来の働き方や暮らし方、受給開始年齢に応じて受給見込額を試算することができます。

POINT 離婚時の年金分割には、合意分割と3号分割の2種類がある

2004(平成16)年の厚生年金保険法等の改正により、2007(平成19)年4月1日以降の離婚について、年金分割が認められることとなりました。

年金分割とは、離婚のとき、夫婦が加入していた厚生年金(共済年金を含む)の保険料納付記録のうち、報酬比例部分について多い方から少ない方へ分割する制度です。

分割されるのは厚生年金の保険料納付記録ですが、その結果、多い方の厚生年金の一部が少ない方へ分割されます。一般に夫の方が多いですから、夫から妻への年金の分割となります。なお、対象となるのは報酬比例部分だけで、基礎年金部分は対象外です。

年金分割の方法には、**合意分割と3号分割の2種類**があります。

[1] 合意分割

夫婦または当事者の一方からの請求により年金を分割する方法です。分割される記録は、婚姻期間中の保険料納付記録に限られます。

分割の割合は2人の合意または裁判手続きによって決まった割合となります。分割割合は50%が上限となります。

[2] 3号分割

サラリーマンの妻である専業主婦の方など、国民年金の第3号被保険者であった人からの請求により年金を分割する方法です。夫婦間の合意は不要です。2008(平成20)年4月以降の国民年金の第3号被保険者期間について扶養者の厚生年金の保険料納付記録の2分の1を分割できます。分割の割合は2分の1ずつとなります。

[3] 年金分割を行うための手続き

　まず、年金事務所に年金分割に必要な「情報提供請求書」の請求を行います。日本年金機構から情報提供請求書を受け取った後、話し合いによる合意を目指します。合意したときは、年金分割請求の手続きを行います。詳しくは日本年金機構あるいは近くの年金事務所や年金相談センターに問い合わせてください。なお、3号分割のみを請求する場合は夫婦の合意は不要です。

　また、年金分割の手続きは、請求期限（離婚をした日の翌日から起算して2年）を経過すると、請求することができなくなります。

表3　合意分割と3号分割の違い

合意分割	婚姻期間中	必要	自由 （最大50%）
3号分割	2008年4月1日以降の婚姻期間のうち第3号被保険者であった期間	不要	50%

著者作成

図4　年金分割のイメージ

（出典）日本年金機構パンフレット『離婚時の年金分割について（手続きのご案内）』

　分割した方は、自分の保険料納付記録から、相手方に分割分を提供した残りの記録で、年金額が計算されます。報酬比例年金は減額になります。分割を受けた方は、自分の保険料納付記録と相手方から分割分を受けた記録で、年金額が計算されます。報酬比例年金は増額になります。なお、すでに年金を受給している方は、年金分割を請求した日の属する月の翌月分から年金額が改定されます。

第2節　障害年金

① 障害年金とは

> **POINT** 障害年金は、病気やけがによって生活や仕事などが不自由になった場合に、現役世代の人も含めて受け取ることができる年金

　障害年金には、「**障害基礎年金**」と「**障害厚生年金**」があります。

　障害基礎年金は国民年金に加入しているときに「初診日」がある人に支給されます。厚生年金加入者は国民年金にも加入していますから、厚生年金の人にも障害基礎年金が支給されます。障害基礎年金の等級は1級と2級です。厚生年金加入者にある3級や障害手当金はありません。

　障害厚生年金は、厚生年金に加入しているときに「初診日」がある人に支給されます。障害厚生年金には、1級、2級、3級と障害手当金があります。障害厚生年金1級・2級の場合は、障害基礎年金もあわせて支給されますが、3級と障害手当金の場合は、障害基礎年金はありません。

（注）「初診日」の定義については、次項「2　障害年金の受給の要件」を参照してください。

● 障害年金の対象となる病気やけがとは

　障害年金の対象となる病気やけがは、手足の障害などの外部障害のほか、精神障害や内部障害も対象になります。病気やけがの主なものは次の通りです。

①外部障害	眼、聴覚、音声または言語機能、肢体の障害など
②精神障害	統合失調症、双極性障害、認知障害、てんかん、知的障害、発達障害など
③内部障害	呼吸器疾患、心疾患、腎疾患、肝疾患、血液・造血器疾患、糖尿病、がんなど

図5　障害年金の構成

(出典) 日本年金機構『障害年金ガイド　令和5年度版』

● 障害年金に該当する状態とは

　障害年金が支給される障害の状態に応じて、法令により、障害の程度が定められています。日常生活や仕事をするにあたってどのくらいの支障があるのか、という観点から区分されています。身体障害者手帳等の等級とは異なることに注意してください。

①障害の程度1級	他人の介助を受けなければ日常生活のことがほとんどできないほどの障害の状態。身の回りのことは辛うじてできるものの、それ以上の活動はできない人（または行うことを制限されている人）、入院や在宅介護を必要とし、活動の範囲がベッドの周辺に限られるような人
②障害の程度2級	必ずしも他人の助けを借りる必要はなくても、日常生活は極めて困難で、労働によって収入を得ることができないほどの障害。例えば、家庭内で軽食を作るなどの軽い活動はできても、それ以上重い労働はできない人（または行うことを制限されている人）、入院や在宅で、活動の範囲が病院内・家庭内に限られるような人
③障害の程度3級	労働が著しい制限を受ける、または、労働に著しい制限を加えることを必要とするような状態。日常生活にはほとんど支障がないが、労働については制限がある人

(出典) 日本年金機構「障害年金制度について」をもとに著者作成

POINT 障害年金には、初診日や保険料納付など受給
の要件がある

障害年金を受給するためには、次の3つの要件が必要となります。

① **初診日が被保険者期間等にあること**

障害の原因となった病気やけがの初診日が、次のいずれかの期間
にあること

i 国民年金または厚生年金に加入している期間（被保険者期間）

ii 20歳前または60歳以上65歳未満で国内に居住している期間

＊ 初診日とは、障害の原因となった病気やけがについて、初めて医師・
歯科医師の診療を受けた日のこと

② **保険料の納付要件を満たしていること**

次のiまたはiiを満たしていること

i 初診日の前日において、初診日の属する月の2カ月前までの
被保険者期間のうち、保険料納付済期間と保険料免除期間を合
算した期間が3分の2以上あること

ii 初診日において65歳未満であり、初診日の属する月の2カ月
前までの直近の1年間に保険料の未納期間がないこと（初診日が
2026（令和8）年3月末日までにあるときの特例）

＊ 20歳前の年金制度の加入していない期間に初診日がある場合は、
納付要件は不要です。

③ **一定の障害の状態にあること**

i 障害認定日に、障害の状態が法令で定める障害の程度（障害基
礎年金は1級・2級、障害厚生年金は1級〜3級）に該当すること

ii 障害認定日後に、障害の程度が増進し、65歳になるまでに障
害の状態が法令で定められた状態に該当すること（「事後重症」）

＊ 障害認定日とは、病気やけがの程度が障害年金の適用となる障害の
状態を定める日のことで、その障害の原因となった病気やけがについ

ての初診日から1年6カ月を過ぎた日、または1年6カ月以内にその病気やけがの症状が固定した場合はその日をいいます。

　障害認定日に障害年金受給の権利が発生し、翌月から障害年金が支給されます。

◉ 初診日の確認

　初診日の確認は、初診時の医療機関の証明により行われます。初診時の医療機関の証明が添付できない場合であっても、初診日を合理的に推定できるような一定の書類（例えば、身体障害者手帳の申請時の診断書、交通事故証明書、健康保険の給付記録など）により、本人が申し立てた日が初診日と確認されます。

◉ 保険料の納付要件

　初診日の前日において、初診日がある月の2カ月前までの被保険者としての全期間のうち、国民年金の保険料納付済期間（厚生年金保険の被保険者期間、共済組合の組合員期間を含む）と保険料免除期間をあわせた期間が3分の2以上あることが必要です。

◉ 保険料の納付要件の特例

　初診日が2026（令和8）年3月末日までにあるときは、次のすべての条件に該当すれば、給付要件を満たすものとされています。
・初診日において65歳未満であること
・初診日の前日において、初診日がある月の2カ月前までの直近1年間に保険料の未納期間がないこと

③ 障害基礎年金や障害厚生年金の額

POINT 障害基礎年金は1級・2級ごとに定額、障害
厚生年金は報酬比例の金額

[1] 障害基礎年金の額

障害基礎年金1級	年額780,900円（月65,075円）×1.25倍×改定率
障害基礎年金2級	年額780,900円（月65,075円）×改定率

* 改定率とは、物価の変動率などを参考に算出された係数で、これを掛けることにより、毎年度少しずつ額が改定されます。改定率は、毎年3月中旬に翌年度に適用する数字が発表されます。

* **2023（令和5）年度の額は、1級は993,750円、2級は795,000円です**（1956（昭和31）年4月2日以後生まれの人の場合）。

  ※ 1956年4月1日以前生まれの人は、1級は990,750円、2級は792,600円。

* 障害基礎年金の受給権者によって生計を維持されている「18歳到達年度末までにある子」または「障害等級1級または2級の障害状態にある20歳未満の子」がいる場合、人数に応じて「**子の加算**」が支給されます（子の加算の額は右ページ参照）。

[2] 障害厚生年金の額

障害厚生年金1級	報酬比例の額×1.25倍
障害厚生年金2級	報酬比例の額
障害厚生年金3級	報酬比例の額（最低保障あり）
障害手当金	報酬比例の額の2倍

報酬比例の年金額は次の式で算定したＡ＋Ｂの額

A　平均標準報酬月額×7.125 / 1000×2003年3月までの加入期間の月数

B　平均標準報酬額×5.481 / 1000×2003年4月以降の加入期間の月数

（注）　2003（平成15）年4月以降、標準報酬月額の算定に標準賞与額が加わりました。

＊　障害厚生年金1級・2級の受給権者によって生計を維持されている配偶者がいる場合、「配偶者の加給年金」が加算されます（加給年金の額は表4参照）。

＊　障害厚生年金3級には障害基礎年金の併給がありませんので、障害基礎年金の3/4相当額が最低保障されます。

● 子の加算額と加給年金額

障害年金に加算される「子の加算」と「加給年金」は、表4の通りです。

表4　「子の加算」と「加給年金」の概要

名称	対象	加算される年金	金額	年齢制限
子の加算	子ども	障害基礎年金	子2人まで：1人につき228,700円 子3人目から：1人につき76,200円	・18歳になったのちの最初の3月31日までの子 ・20歳未満で障害等級1級・2級の障害の状態にある子
加給年金	配偶者	障害厚生年金	228,700円	65歳未満であること

（注）　配偶者の加給年金は、老齢厚生年金の場合と異なり「特別加算」はありません。また、配偶者が65歳になるまで支給され、その後は「振替加算」になります。
著者作成

● 障害手当金の支給要件

障害手当金とは、年金ではなく一時金です。最初の支給で終わりです。

対象者は、障害等級の3級より軽い一定の障害状態に該当する人で、次の①から③のすべての条件を満たすことが必要です。

①　厚生年金の被保険者である間に、障害の原因となった病気やけがの初診日があること
②　初診日の前日において、保険料の納付要件を満たしていること
③　障害の状態が次の要件を満たしていること 　・初診日から5年以内に症状が固定していること
④　障害認定日において、国民年金や厚生年金を受給していないこと

④ 障害年金と他の年金との併給

> **POINT** 障害年金の受給者が、65歳以降、老齢厚生年金または遺族厚生年金を受けられるようになった場合は、障害年金と組み合わせて受給することができる

[1] 一人1年金の原則

　公的年金では、「一人1年金の原則」があり、支給事由（老齢、障害、遺族）が異なる2つ以上の年金を受けられるようになったときは、原則としていずれか1つの年金を選択することになります。例えば遺族基礎年金を受けていた人が、同時に障害基礎年金を受けることはできません。ただし、同じ支給事由で受け取れる「老齢基礎年金と老齢厚生年金」、「障害基礎年金と障害厚生年金」、「遺族基礎年金と遺族厚生年金」は1つの年金とみなされ、あわせて受けることができます（第1章「9　年金の併給」を参照）。

[2] 年金制度の改正

　従来、「一人1年金の原則」のために支給事由の異なる年金は同時に受給することができませんでした。したがって、厚生年金に加入したことのある障害者が65歳になったときは、障害年金と老齢年金（老齢基礎年金と老齢厚生年金）のうち、どちらか高い方を選択していました。

　これでは、障害年金を受給しながら厚生年金保険料を納めた人の場合は、自分が働いて払った保険料が年金額に反映されない結果になります。そこで、2004（平成16）年の年金制度の改正により、65歳以降は、障害基礎年金と老齢厚生年金をあわせて受給するか、障害基礎年金と遺族厚生年金をあわせて受給することができるようになりました（右ページを参照）。

　併給を申請できる人は、**障害基礎年金と、老齢厚生年金または遺族厚生年金の受給権を有する65歳以上の人**です。併給を希望する場合は、「年金受給選択申出書」を提出する必要があります。

● 障害年金と老齢年金の併給

　障害基礎（厚生）年金を受けている人が、老齢基礎年金と老齢厚生年金を受けられるようになったときは、65歳以後、次のいずれかの組み合わせで選択することができます（障害基礎年金と老齢基礎年金の2つの基礎年金をあわせて受け取ることはできません）。年金受給選択申出書の提出が必要です。

図6　障害年金と老齢年金の併給

(出典) 日本年金機構ウェブサイト

● 障害年金と遺族年金の併給

　障害基礎（厚生）年金を受けている人が、遺族厚生年金を受けられるようになったときは、65歳以後、次のいずれかの組み合わせを選択することができます。年金受給選択申出書の提出が必要です。

図7　障害年金と遺族年金の併給

(出典) 図6に同じ

⑤ 障害年金で注意すべきこと

POINT 障害年金の請求にあたっては65歳が区切りになるなど、注意すべき事項が複数ある

[1]65歳を過ぎてから障害者になったとき

　障害基礎年金や障害厚生年金の受給資格は65歳までに障害認定を受けた人です。したがって、65歳を過ぎてからの障害については対象外となります。

　障害基礎年金や障害厚生年金の請求は、65歳の誕生日の前々日までです。

[2] 障害認定日から複数年経過しているとき

　障害認定日から1年以上経過している場合であっても、障害認定日時点の障害の状態がわかる診断書と現在の障害の状態（請求日前3カ月以内の症状）がわかる診断書を用意することにより、障害年金を請求することができます。

　ただし、5年以上前の障害年金については、時効により受け取ることができません。

　障害になったときは早めに請求する必要があります。

[3] 初診日から1年6カ月以降に症状が進んだとき

　初診日から1年6カ月たった障害認定日の症状では障害年金の認定基準に達していなくても、その後症状が進んだときは、改めて障害年金の請求ができます。これを「事後重症による障害年金の請求」といいます。事後重症による障害年金を請求できる期限は、65歳に達する日の前々日までです。なお、老齢基礎年金の繰上げ受給をしていると、事後重症による障害年金の請求はできません。

58

[4] 障害の状態が変わったとき

　65歳になるまでに障害の状態が悪くなったときは、年金額を改定する請求ができます。逆に障害の状態が改善して等級が下がれば、年金額は低くなるか、支給停止になります。障害の状態が変わったときは、速やかに手続きを行う必要があります。

[5] 2つ以上の障害になったとき

　2級の障害年金を受け取っている人が、65歳になるまでにさらに別の病気やけがで2級の障害年金を受け取れるようになった場合は、前後の障害をあわせて1級として認定し、1つの障害基礎年金や障害厚生年金を受け取ることができます。

　また、後の障害が3級に該当するときは、65歳になるまでに2つの障害をあわせて障害の状態が重くなった場合、年金額を改定する請求ができます。

　これらはいずれも65歳の誕生日の前々日までの間に手続きを行う必要があります。

[6] 保険料の滞納に注意すること

　障害基礎年金の受給要件について説明した通り、障害の原因となった病気やけがの初診日に国民年金の保険料を納付していなければいけません。もし、国民年金に未加入であったり、保険料を滞納したりしていた場合は、障害年金の給付対象にはなりません。

　例えば、20歳から22歳まで国民年金未加入または保険料滞納だった人が、22歳で就職して厚生年金に加入し、1年もたたないうちに障害の原因になった病気やけがの初診日がある場合は、障害年金の給付対象にはなりません。

　もし介護サービスの利用者が国民年金加入者で、保険料を未納又は滞納をしているのであれば、保険料の納付を勧めたり、保険料免除制度の活用を勧めたりするとよいでしょう。

1 遺族年金とは

POINT 遺族年金には、遺族基礎年金と遺族厚生年金がある

　公的年金の加入者が死亡したときには、その人に生計を維持されていた一定の遺族に「遺族年金」が支給されます。遺族年金には、**遺族基礎年金と遺族厚生年金**があります。遺族基礎年金は、国民年金からの給付で、図8の「1階部分」に相当します。遺族厚生年金（遺族共済年金）は厚生年金保険（共済組合）からの給付で、「2階部分」に相当します。このほか、国民年金には**寡婦年金と死亡一時金**があります。

[1] 国民年金の遺族給付

① 　遺族基礎年金

② 　寡婦年金（国民年金の第1号被保険者の夫が死亡したときに妻に支給）

③ 　死亡一時金（3年以上国民年金の保険料を納付した人が年金受給前に死亡したときに支給）

[2] 厚生年金の遺族給付

① 　遺族厚生年金

[3] 遺族年金の構成

　遺族年金は図8のような構成になっています。第1章の「4　公的年金制度の構成」もあわせて参照してください。

図8　遺族年金の構成

2 階部分	遺族厚生年金 (遺族共済年金)	厚生年金保険（共済組合） からの給付
1 階部分	遺族基礎年金	国民年金からの給付

著者作成

● 遺族年金を受け取ることができる遺族と年金の種類

　遺族年金を受け取ることができる遺族は、死亡した人によって生計を維持されていた人が対象となり、最も優先順位の高い人が受け取ることができます。

図9　遺族年金を受け取ることができる遺族と年金の種類

※1　「子のある配偶者」が遺族年金を受け取っている間は「子」に遺族年金は支給されません。
※2　30歳未満の子のない妻は、5年間の有期給付となります。
※3　一定の条件を満たす妻には中高齢の寡婦加算があります。
　（出典）日本年金機構『遺族年金ガイド　令和5年度版』を一部改変

POINT 国民年金からの遺族年金は遺族基礎年金

遺族基礎年金は、国民年金から給付されるもので、亡くなった人が次のいずれかの要件にあてはまる場合、**死亡した人によって生計を維持されていた「子のある配偶者」または「子」が受け取ることができます。**

① 国民年金の被保険者である間に死亡したとき
② 国民年金の被保険者であった60歳以上65歳未満の人で、日本国内に住所を有していた人が死亡したとき
③ 老齢基礎年金の受給権者（保険料納付期間、保険料免除期間及び合算対象期間を合算した期間が25年以上ある人に限る）が死亡したとき
④ 保険料納付済期間、保険料免除期間および合算対象期間を合算した期間が25年以上ある人が死亡したとき

遺族基礎年金を受給できる遺族の要件は次の通りです。

配偶者	死亡当時、18歳未満（または20歳未満で障害等級1級・2級）の子と生計を同じくしていた妻または夫。なお、配偶者には、婚姻の届出をしていないが、事実上婚姻関係と同様の事情にある人（内縁の配偶者）も含まれます。
子	妻（夫）がいない場合（すでに死亡、または離婚して別居している場合）の18歳未満の子（または20歳未満で障害等級1級・2級の子）。なお、子については、死亡した人の実子または養子を指します。養子縁組をされていない配偶者の子（いわゆる連れ子）は含まれません。

● 遺族基礎年金の年金額

遺族基礎年金の年金額は、**一律の額となります**。また、**子の人数に応じて加算されます**。（次の数字は2023（令和5）年度。年額）

① 子のある配偶者が受け取るとき

795,000円（※） ＋ （子の加算額）

　※　1956（昭和31）年4月1日以前生まれの人は792,600円。

② 子が受け取るとき

795,000円 ＋（2人目以降の子の加算額）

＊　1人目および2人目の子の加算額……各228,700円

　3人目以降の子の加算額………………各 76,200円

　これにより、例えば、子ども1人の配偶者の遺族基礎年金は、年額1,023,700円です。

● 保険料納付要件

　左ページの遺族基礎年金の受給要件の①と②の場合、亡くなった人が死亡日の前日において、死亡日が含まれる月の前々月までの被保険者期間において国民年金の保険料納付済期間および免除期間が3分の2以上あることが必要です。つまり、保険料滞納期間が3分の1を超えていないことが要件です。この保険料納付期間等が3分の2以上という要件は、遺族厚生年金の場合も同様です。

　保険料納付期間の特例として、死亡日が2026（令和8）年3月末日までのときは、死亡した人が65歳未満であれば、死亡日の前日において、死亡日が含まれる月の前々月までの直近1年間に保険料の未納がなければよいことになっています。

● 遺族基礎年金の受給権の失権

　遺族基礎年金の受給権は、次の事由に該当したときに失権します。

子のある配偶者（亡くなった人の妻または夫）が受給している場合

① 受給権者本人（亡くなった人の妻または夫）が死亡したときや婚姻したときなど
② 遺族基礎年金の受給権を有しているすべての子が死亡したときや婚姻したとき、18歳になった年度の3月31日に到達したとき（障害等級1級・2級に該当する障害の状態にあるときは20歳に到達したとき）など

亡くなった人の子が受給している場合

受給権者本人（亡くなった人の子）が、死亡したときや婚姻したとき、18歳になった年度の3月31日に到達したとき（障害等級1級・2級に該当する障害の状態にあるときは20歳に到達したとき）など

③ 寡婦年金と死亡一時金

POINT 国民年金の第1号被保険者が死亡し、遺族基礎年金が受けられない場合には、寡婦年金または死亡一時金の制度がある

国民年金の遺族基礎年金は、第1号被保険者が死亡したとき、18歳到達年度の末日まで（または20歳未満で障害等級1級・2級）の子と生計を同じくした妻または夫に給付されます。したがって、18歳未満の子などがいないときには遺族基礎年金は支給されません。そのかわり、「**寡婦年金**」または「**死亡一時金**」が支給されます。なお、寡婦年金を受けられる場合は、寡婦年金と死亡一時金はどちらか一方のみの支給になります。

[1] 寡婦年金について

国民年金から支給される寡婦年金の支給要件は次の通りです。

① 60歳以上65歳未満の寡婦であること
② 死亡した夫に扶養されていた妻で、夫が死亡するまでに10年以上の婚姻期間があること（事実婚を含む）
③ 老齢基礎年金を受け取る資格を満たしている夫（第1号被保険者で、保険料納付済期間と保険料免除期間の合計が10年以上ある人）が死亡した場合であること
④ 死亡した夫が老齢基礎年金を受けていないこと、または障害基礎年金の受給権がないこと

[2] 死亡一時金について

死亡一時金の支給要件は次の通りです。

① 死亡した人が国民年金の第1号被保険者として、保険料を3年以上納めていたこと
② 死亡した人が老齢基礎年金、障害基礎年金の両方とも支給されたことがないこと

③　遺族の中に子（18歳に達した後、初めて到来する3月31日までの子
　　または20歳未満で障害等級1級・2級の子で、現に婚姻していない子）
　　がいないため、遺族基礎年金が受けられないこと

寡婦年金の額は、夫が生きていた場合にもらえるはずだった老齢基礎年
金（第1号被保険者としての保険料納付済期間と保険料免除期間について
計算された額）の4分の3の額です。

なお、寡婦年金は、夫の死亡当時の妻の年齢は60歳未満でもよいですが、
寡婦年金自体は60歳から65歳までの5年間の年金です。

死亡一時金の額は、保険料納付済期間に応じて表5のようになっています。

表5　保険料納付済期間と死亡一時金の額

3年以上15年未満	120,000円
15年以上20年未満	145,000円
20年以上25年未満	170,000円
25年以上30年未満	220,000円
30年以上35年未満	270,000円
35年以上	320,000円

（注）　付加保険料を3年以上納めた場合は、一律8,500円が加算されます。
著者作成

死亡一時金は1回だけの一時金です。遺族の優先順位は、配偶者⇒子⇒
父母⇒孫⇒祖父母⇒兄弟姉妹の順になっています（死亡の当時、死亡した
人と生計を同じくしていた人に限ります）。

POINT 厚生年金に加入していた人が亡くなった場合
は、遺族厚生年金の支給がある

[1] 遺族厚生年金とは

　厚生年金保険に加入中（在職中）に死亡した場合、**遺族厚生年金**が
支給されます。年金額は定額ではなく、亡くなった被保険者の平均
標準報酬月額や加入月数で異なります。

　遺族厚生年金は、次のいずれかの要件に該当する場合、死亡した
人によって生計を維持されていた「配偶者」、「子」、「父母」、「孫」、
または「祖父母」が受け取ることができます。

---

① 厚生年金保険の被保険者であったときに死亡
② 厚生年金保険の被保険者期間に初診日がある病気やけがが原因で、初診日
　から5年以内に死亡
③ 1級・2級の障害厚生（共済）年金の受給権者の死亡
④ 老齢厚生年金の受給権者または受給資格期間を満たしている人の死亡（い
　ずれも保険料納付済期間、保険料免除期間および合算対象期間を合算した期
　間が25年以上あること）

（注）　①と②については、遺族基礎年金と同様の保険料納付要件があります。

[2] 遺族厚生年金の年金額

　遺族厚生年金の年金額は、亡くなった人の厚生年金の加入期間や
報酬の額を基に計算されます。<u>亡くなった人の老齢厚生年金の報酬
比例部分の4分の3</u>です。

[3] 中高齢の寡婦加算額

　次のいずれかに該当する妻が受け取る遺族厚生年金には、40歳か
ら65歳になるまでの間、年額596,300円が加算されます。これを「**中
高齢の寡婦加算**」といいます。

- 　夫が死亡したときに妻が40歳以上65歳未満で、生計を同じくする子がいない場合
- 　遺族厚生年金と遺族基礎年金を受け取っていた「子のある妻」(40歳に達した当時、子がいるために遺族基礎年金を受けていた妻に限る) が、子が18歳になった年度の3月31日に達した (障害の状態にある場合は20歳に達した) ため、遺族基礎年金を受け取ることができなくなった場合

● 経過的寡婦加算

65歳になって自分の老齢基礎年金を受給するようになると、中高齢の寡婦加算がなくなります。そうすると、年金額が以前より低くなる人が出てくるので、その不足分を補うため、65歳以降も一定の額を加算する「**経過的寡婦加算**」があります。これは、1956 (昭和31) 年4月1日以前に生まれた妻が対象となっており、その額は生年月日によって異なります (年額594,500円から19,865円まで)。

● 遺族厚生年金が支給される順位

遺族厚生年金は、被保険者に生計を維持されていた遺族の中で最も優先順位の高い人だけに支給されます。

第 1 順位	配偶者、子 (配偶者は内縁関係の人も含む)
第 2 順位	父母
第 3 順位	孫
第 4 順位	祖父母

* 　子や孫は18歳の年度末まで (1級・2級の障害のある子は20歳未満)。
* 　妻には年齢制限はありません。夫、父母、祖父母は55歳以上であれば権利が発生しますが、支給は60歳からです。
* 　生計を維持されていたことの要件とは、同一世帯にあることと、遺族の前年の収入が850万円未満であることです。

● 遺族厚生年金の受給権の失権

遺族厚生年金の受給権は、亡くなった人の妻 (夫) が受給している場合には本人が死亡したときや再婚したとき (事実婚も含む) などの事由に該当したときに失権します。

該当した日から10日以内に年金事務所または年金相談センターへの届出が必要です。

⑤ 遺族年金と老齢年金の併給の問題

POINT 遺族厚生年金の受給者が65歳以上の場合は、自分の老齢基礎年金や老齢厚生年金、障害基礎年金の一部または全部をあわせて受け取ることができる

　公的年金では、支給事由（老齢、障害、遺族）が異なる2つ以上の年金を受けられるようになったときは、原則としていずれか1つの年金を選択することになります（**一人1年金の原則**）。ただし、同じ支給事由で受け取れる「老齢基礎年金と老齢厚生年金」、「障害基礎年金と障害厚生年金」、「遺族基礎年金と遺族厚生年金」は1つの年金とみなされ、あわせて受けることができます。

　支給事由が異なる2つ以上の年金はいずれか1つの年金を選択することになります。

　例えば、今まで障害基礎年金と障害厚生年金を受けていた人が遺族厚生年金を受けられるようになったときは、障害給付と遺族給付をあわせて受けることができませんので、いずれかを選択することになります。

　また、同じ支給事由であっても、2つ以上の基礎年金または2つ以上の厚生年金を受けられるときは、いずれか1つの年金を選択することになります（「年金受給選択申出書」の提出が必要です）。例えば、今まで夫（配偶者）が亡くなったことにより遺族厚生年金を受けていた妻が、子が亡くなったことにより新たに遺族厚生年金を受けられるようになったときは、2つの厚生年金をあわせて受け取ることはできませんので、いずれかを選択することになります。

　65歳以後は、特例的に支給事由が異なる2つ以上の年金を受けられる場合があります。 そのケースは、右ページの通りです。

（1）老齢給付と遺族給付

①　老齢基礎年金と遺族厚生年金

　65歳以上で老齢基礎年金を受けている人が、遺族厚生年金を受けられるようになったときは、あわせて受けることができます。

②　老齢厚生年金と遺族厚生年金

　65歳以上で老齢厚生年金と遺族厚生年金を受ける権利がある人は、自分の老齢厚生年金が支給されることとになり、遺族厚生年金は、老齢厚生年金より年金額が高い場合に、その差額を受けることができます。

　遺族厚生年金より老齢厚生年金の年金額が高い場合は、遺族厚生年金は全額支給停止になります。

図10　老齢厚生年金と遺族厚生年金

遺族厚生年金	←——————供給——————→	
支給停止 （老齢厚生年金相当額）		老齢厚生年金
		老齢基礎年金

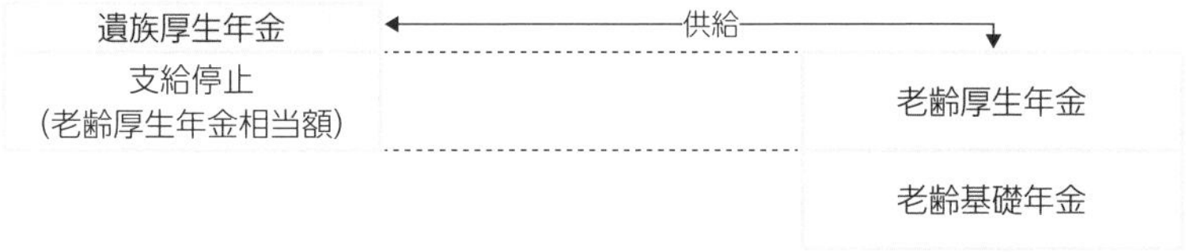

（出典）日本年金機構ウェブサイト

（2）障害給付と遺族給付

　障害基礎（厚生）年金を受けている人が、遺族厚生年金を受けられるようになったときは、65歳以後、次のいずれかの組み合わせを選択することができます（「年金受給選択申出書」の提出が必要）。

図11　障害給付と遺族給付

| 障害厚生年金 | ←——選択——→ | 遺族厚生年金 |
| 障害基礎年金 | | 障害基礎年金 |

（出典）図10に同じ

① 年金の請求

POINT 年金を受給するためには、所定の様式で請求手続きを行う必要がある

　年金は所定の様式で請求をしないと受給できません。ここでは、老齢年金（老齢基礎年金や老齢厚生年金）の請求手続きについて説明します。年金請求書の提出先は、すべての加入期間が国民年金の場合は、市町村の国民年金の担当窓口へ、厚生年金保険の加入者や国民年金の第3号被保険者、共済組合等の加入期間がある人は年金事務所です。書類は、郵送または窓口に持参して提出します。

① 年金請求書の送付

　日本年金機構から、受給年齢に達し、老齢年金の受給権が発生する人に対して、受給開始年齢に到達する3カ月前に、年金を受け取るために必要な「**年金請求書**」と請求手続きの案内状が送られてきます。年金請求書には年金加入記録が記載されているので、記録を確認し、もれや誤りがある場合は、近くの年金事務所まで問い合わせてください。

② 年金請求書の提出

　年金請求書に必要事項を記入し、受給開始年齢誕生日の前日以降に、添付書類とともに年金事務所または市町村役場に提出してください。**年金の請求をせず、年金を受けられるようになったときから5年を過ぎると、5年を過ぎた分の年金については時効により受け取れなくなる場合がある**ので注意が必要です。

③　年金の受け取り

　年金請求書の提出から約1〜2カ月後に「**年金証書・年金決定通知書**」が送られてきます。これが届いてから1〜2カ月後に年金支払いの案内（年金振込通知書・年金支払通知書または年金送金通知書）が送られて、年金の受け取りが始まります。

　年金は、原則、年6回に分けて、偶数月の15日に支払われます。各支払月には、原則、その前月までの2カ月分の年金が支払われます。

　年金の支給手続きについては、日本年金機構のホームページで詳しく説明されていますので、そちらを参照してください。

● 年金請求書を提出する場合に必要な添付資料（すべての人に必要な書類）

①　本人の生年月日を明らかにすることができる書類

　戸籍謄本、戸籍抄本、戸籍の記載事項証明、住民票、住民票の記載事項証明書のいずれかの書類

②　受取先金融機関の通帳等（本人名義）

　カナ氏名、金融機関名、支店番号、口座番号が記載された部分を含む預金通帳またはキャッシュカード（コピー可）

　このほかに、配偶者がいる場合は配偶者に関する資料などが必要になります。

● 繰下げ受給や繰上げ受給を希望する場合

　老齢基礎年金や老齢厚生年金の繰下げ受給を希望する場合は、65歳時点では請求は行わず、66歳以降の受け取りを希望する時期に年金請求書を提出してください。繰下げ請求の手続き時に、年金請求書とあわせて「老齢基礎年金・老齢厚生年金支給繰下げ申出書」の提出が必要になります。

　一方、65歳以前の繰上げ受給を希望する場合は、繰上げ受給を希望する時期に「老齢年金支給繰上げ請求書」を提出してください。

POINT 「ねんきん定期便」とは、国民年金や厚生年金に加入している人に対して、毎年の誕生月に交付される年金記録が記載された通知

　ねんきん定期便は、年金制度の加入者（被保険者）が自分の加入状況や保険料の支払い状況、老齢年金の見込額などを確認するための通知です。

　国民年金法等に基づき、2009（平成21）年4月から定期的な送付が始まりました。そのきっかけは、2007（平成19）年頃に社会問題化した「年金記録問題」がありました。個々人の年金記録に不備があり、無年金となったり、低額の年金になったりといった問題が多発しました。そこで、この年金記録問題に対応するために、ねんきん定期便を毎年交付することにより、加入者自身に年金記録を確認してもらい、不備があった場合は年金事務所に連絡をとることにより適正な記録に是正することとなりました。また、あわせて、将来の老齢年金の見込額を知ることにより、将来の人生設計の参考になるという効果もあります。

　ねんきん定期便は、通常はハガキで送られてきますが、節目の年齢である35歳、45歳、59歳のときには封書で送られてきます。

　ねんきん定期便に記載されているのは、直近1年間（13カ月間、節目の年齢では全期間）の国民年金・厚生年金の加入状況や累計の年金保険料納付額、老齢年金の種類や見込額などです。なお、50歳未満と50歳以上では記載内容に若干の違いがあります。

　転職を重ねてきた場合、人によっては、年金の加入履歴がきちんと把握されていない可能性があるので、ねんきん定期便で確認をして、**疑問があれば年金事務所に相談をしてください。**

　また、ねんきん定期便を受け取っていない人は、日本年金機構に登録された住所が古いものであったなどのおそれがあるため、年金事務所に問い合わせてください。

図12　「ねんきん定期便」の様式（サンプル）

（出典）図10に同じ

第5節　その他の給付に関する制度

① 年金生活者支援給付金とは（その1）

POINT「年金生活者支援給付金」とは、生活の支援を図ることを目的として、国が年金に上乗せして支給する給付金

　年金生活者支援給付金は、老後の年金等の収入が低い人の生活を支援するために、年金に上乗せして支給されます。2012（平成24）年に制定された「年金生活者支援給付金の支給に関する法律」に基づくもので、この法律は、2019（令和元）年10月に施行されました。

　年金生活者支援給付金には、次の3種類があります。

表6　年金生活者支援給付金の種類と対象者

名称	対象者
老齢年金生活者支援給付金	一定の所得以下の65歳以上の老齢年金受給者
障害年金生活者支援給付金	一定の所得以下の1級・2級の障害年金受給者
遺族年金生活者支援給付金	一定の所得以下の遺族年金受給者

著者作成

　老齢年金生活者支援給付金は、次の要件をすべて満たしている人に支給されます。

① 65歳以上の老齢基礎年金の受給者

② 世帯全員が市町村民税非課税者

③ 前年の公的年金収入額とその他の所得額の合計が878,900円以下

（注1）　障害年金・遺族年金等の非課税収入は含まれません。
（注2）　前年の公的年金収入額とその他の所得の合計が778,900円を超え878,900円以下である人には、**補足的老齢年金生活者支援給付金**が支給されます。

　老齢年金生活者支援給付金の額は、**月額5,140円を基準に、保険料納付済期間等に応じて算出**されます。

（注）　給付金額は2023（令和5）年4月時点の数値。他の給付金でも同様。この金額は毎年度、物価の変動による改定があります。

● 老齢年金生活者支援給付金の給付額の算定式（2023年度）

　月額5,140円を基準に、保険料納付済期間等に応じて算出され、次のAとBの合計額

　　A　保険料納付済期間に基づく額（月額）＝5,140円×保険料納付済期間÷480月

　　B　保険料免除期間に基づく額（月額）＝11,041円×保険料免除期間÷480月

（注）　Bの11,041円は、毎年度の老齢基礎年金の改定に応じて変動します。1956（昭和31）年4月2日以後生まれの方は、保険料全額免除、3/4免除、半額免除の場合は11,041円、1/4免除の場合は5,520円で計算。

表7　給付金額の例示（2023年4月時点）

保険料 納付済期間	保険料 全額免除期間	給付金額 （月額）①	老齢基礎年金 （月額）②	合計 （①＋②）
480月	0月	5,140円	66,250円	71,390円
240月	0月	2,570円	33,125円	35,695円
360月	120月	6,615円	57,969円	64,584円
240月	240月	8,091円	49,688円	57,779円

著者作成

　表7は、もし国民年金の保険料を40年間（480月）納付していた場合は月額5,140円が給付され、老齢基礎年金と合計すると月額71,390円になることを示しています。年間で61,680円の上乗せとなります。状況に変化がなければこの上乗せが一生続きます。

● 補足的老齢年金生活者支援給付金の給付額の算定式

　給付基準額（月額5,140円）×（保険料納付済期間÷480月）×調整支給率（（878,900円−前年の年金収入とその他の所得の合計額）÷100,000円）

（注）　老齢年金生活者支援給付金の算定式とは異なり、保険料納付済期間だけで計算され、免除月数は計算に入りません。

POINT 障害年金生活者支援給付金と遺族年金生活者
支援給付金の支給額は一定の額

［1］障害年金生活者支援給付金について

　障害年金生活者支援給付金は、次の要件をすべて満たしている人に支給されます。

　　①　障害基礎年金の受給者であること
　　②　前年の所得が「472万1,000円＋扶養親族の数×38万円」以下であること

　（注）　障害年金等の非課税収入は年金生活者支援給付金の判定に用いる所得には含まれません。

　算定式の38万円は、同一生計配偶者のうち70歳以上の者または老人扶養親族の場合は48万円、特定扶養親族または16歳以上19歳未満の扶養親族の場合は63万円になります。

【障害年金生活者支援給付金の額】

障害基礎年金（1級）の受給者	月額　6,425円
障害基礎年金（2級）の受給者	月額　5,140円

［2］遺族年金生活者支援給付金について

　遺族年金生活者支援給付金は、次の要件をすべて満たしている人に支給されます。

　　①　遺族基礎年金の受給者であること
　　②　所得要件は、障害年金生活者支援給付金の場合と同じ

【遺族年金生活者支援給付金の額】

月額　5,140円

　ただし、2人以上の子が遺族基礎年金を受給している場合は、5,140円を子の数で割った金額がそれぞれに支払われます。

　年金生活者支援給付金は、**一度申請をすれば、支給要件を満たしている限り継続的に支給されます**。ただし、**支給要件を満たさなくなると停止されます**。その後、再び支給要件を満たす場合には、**あらためて認定の請求手続きをして受給できます**。

　受給できると、年金と同じく偶数月の中旬に前月分までが振り込まれます。年金と同じ口座、同じ日に、年金とは別に振り込まれます。

　夫婦2人で暮らしていても、各人が年金生活者支援給付金の支給要件を満たしていれば、2人とも受給できます。

　繰上げ受給を選択して年金が減額になった人も、65歳をすぎて要件に該当すれば、老齢年金生活者支援給付金を受給できます。

年金生活者支援給付金の支給の手続き

　日本年金機構において、1年ごとに市町村から所得情報をもらい、支給要件に該当するか判定されます。すでに老齢・障害・遺族年金を受給している人には、日本年金機構から請求手続きの案内が届きますので、同封された年金生活者支援給付金請求書（はがき形式）に必要事項を記入の上、提出してください。また、これから年金を受給し始める人は、年金の請求手続きとあわせて、給付金の認定請求の手続きを行ってください。

　状況が変わった場合（例えば、前年所得が基準額を超えた場合）には、日本年金機構から「不該当通知書」が届き支給されなくなります。ただし、その後、所得等に変更があり要件に該当する場合は、あらためて請求書を提出することで、給付金を受給することができます。

　厚生労働省から、**介護サービスの利用者から給付金請求書等について助言を求められた場合には、関係者は、請求書を返送する必要があることや、不明点について「給付金専用ダイヤル」などで相談可能であることを伝えてほしい旨の協力依頼文書**「年金生活者支援給付金の支給に関する法律の施行に伴う対応について」（令和元年8月22日、老推発0822第1号・老高発0822第1号・老振発0822第1号・老老発0822第3号・年管管発0822第6号）、「年金生活者支援給付金の支給に関する対応について」（令和4年8月26日、障企発0826第1号・年管管発0826第2号）が出ています。

> 給付金専用ダイヤル　0570－05－4092

POINT 特別障害給付金とは、国民年金に任意加入していなかったことにより障害基礎年金等を受給していない障害者を対象に支給される給付金

　国民年金制度が実施された当初は、20歳以上の学生や配偶者（多くはいわゆる専業主婦）は、強制加入の対象ではなく任意加入でした。そのため未加入者が多かったのですが、未加入期間に障害者になった場合には障害基礎年金の受給資格を得られず、支給を受けられないということになっていました。このことに対して訴訟が起こるなど社会問題化したことから、2004（平成16）年に「特定障害者に対する特別障害給付金の支給に関する法律」が制定され、2005（平成17）年4月から施行されました。

　特別障害給付金の対象者は、次の通りです。
① 　1991（平成3）年3月以前に国民年金任意加入対象であった学生（詳細は右ページ）
② 　1986（昭和61）年3月以前に国民年金任意加入対象であった被用者等の配偶者（多くはいわゆる専業主婦）
③ 　①②のいずれかであって、国民年金に任意加入していなかった期間内に初診日（その傷病について初めて医師または歯科医師の診療を受けた日）があり、現在、その障害等級が障害基礎年金の1級または2級の状態にある人

【特別障害給付金の支給額（2023（令和5）年度）】

障害基礎年金1級相当に該当する人	月額53,650円
障害基礎年金2級相当に該当する人	月額42,920円

　なお、特別障害給付金の月額は、前年の消費者物価指数の上昇下降にあわせて毎年度自動的に修正されます。

● 請求手続きの窓口等

　請求の窓口は、住所地の市区役所・町村役場です。**請求は65歳に達する日の前日までに行う必要があります。**特別障害給付金請求書のほかに、障害の原因となった傷病にかかる診断書や特別障害給付金所得状況届、在学証明書等の書類が必要になります。

　なお、特別障害給付金の審査・認定・支給に関する事務は日本年金機構で行われます。

● 支給対象者の詳細

　「国民年金任意加入であった学生」とは、

① 　大学（大学院）、短大、高等学校および高等専門学校（定時制、夜間部、通信を除く）

② 　また、1986（昭和61）年4月から1991（平成3）年3月までは、これに加え専修学校および一部の各種学校

に在学していたことをいいます。

　なお、**1994（平成6）年4月以降では20歳以上の学生は全員が国民年金に強制加入となったので、この日以降の学生の年金保険料未納者については特定障害給付金制度の対象外**です。

● 所得による支給制限

　受給者本人の前年の所得が472万1,000円を超える場合は、給付金の全額が支給停止となり、370万4,000円を超える場合は2分の1が支給停止となります。支給停止となる期間は、10月分から翌年9月分までです。

　また、老齢年金、遺族年金、労災補償等を受給している場合には、その受給額分を差し引いた額が支給されます。老齢年金等の額が特別障害給付金の額を上回る場合は、特別障害給付金は支給されません。

第3章

年金制度と介護保険制度

ここでは、介護保険制度において年金と関連するもので年金からの介護保険料の天引きや利用者負担について解説します。

1 年金からの介護保険料の徴収

POINT 介護保険の第1号被保険者（65歳以上の者）の介護保険料は、原則として年金から天引き徴収

介護保険の被保険者は、**65歳以上の第1号被保険者**と、**40歳以上65歳未満の第2号被保険者**に分かれます。

第1号被保険者と第2号被保険者は、年齢以外に、保険給付の対象となる要件や保険料の賦課・徴収方法などに相違があります（詳しくは、表1を参照）。

第1号被保険者の保険料は、保険者である市町村（東京23区を含む。以下同じ）が賦課・徴収をします。

保険料の徴収方法は、原則として、**公的年金からの天引き**です。日本年金機構等の年金保険者が年金から介護保険料を源泉徴収し、市町村に納付します。被保険者が市町村に保険料を納付する必要はありません。

老齢年金や遺族年金または障害年金を年額18万円以上受給している人が対象で、年金の定期支払（年6回）の際に保険料が差し引かれます。

介護保険制度では、保険料を年金から徴収することを**特別徴収**、市町村が被保険者から直接徴収することを**普通徴収**といいます。普通徴収の支払時期や回数は市町村によって異なります。

第2号被保険者（40歳以上65歳未満の者）の保険料は、被保険者

が加入する医療保険制度における医療保険料と同様の算定方法で賦
課され、医療保険料とともに徴収されます。保険料の額は、加入す
る医療保険により異なります。

表1　介護保険制度における第1号被保険者と第2号被保険者

年齢区分	65歳以上の者	40歳以上65歳未満の医療保険加入者
保険給付の対象者	要介護者、要支援者	左のうち、特定疾病（初老期認知症、脳血管疾患などの老化に起因する疾病）によるもの
保険料負担	所得段階別定額保険料	加入する医療保険の保険料算定と同様の方式による負担
保険料の賦課・徴収方法	年間年金額18万円以上の者は特別徴収、それ以外の者は普通徴収	医療保険者が医療保険料とともに賦課・徴収し、納付金として一括して納付

著者作成

POINT 高齢者の介護保険料は、所得段階別の定額保険料

　第1号被保険者（65歳以上の者。以下、本章において同じ）の保険料は、3年ごとに市町村が定める基準額に、所得段階に応じた割合を乗じて決定されます。その額は、市町村によって異なります。

　介護保険料の標準的な段階設定は、表2の通りです。これは標準的なもので、市町村によっては第9段階以上をさらに細かく区分している場合があります。

　利用者の介護保険料についての問い合わせは、住所地の市町村に行ってください。

[1] 災害等による保険料の徴収猶予や減免

　市町村は、特別な事情が発生した被保険者については、申請に基づき保険料の徴収猶予や減免を行うことができます。徴収猶予や減免の要件となる特別な事情は条例で定められています。

[2] 保険料未納による保険給付における制約

　介護保険は、介護や支援を要する高齢者等を社会全体で支えあう制度ですので、保険料は必ず納める必要があります。

　保険料を納めない人に対しては、サービスの利用時に次のような措置がとられます。

①　1年以上納めていないとき…支払方法の変更

　サービスの利用時には自己負担分だけでなく、サービスの費用全額を負担することになり、後日、申請により保険給付分が支払われます（償還払い）。

②　1年6カ月以上納めていないとき…保険給付の一時差止め

　保険給付の一部または全部が一時的に支払われません。支払われ

なかった保険給付費を滞納保険料に充当します。

③　2年以上納めていないとき…給付額の減額

　保険料は2年以上納めていないと時効になりますが、サービス利用時に時効となった未納保険料がある場合は、一定期間、1割または2割の利用者負担の人は3割（3割の利用者負担の人は4割）となります。さらに、高額サービス費及び特定入所者介護サービス費は支払われません。

表2　第1号被保険者の介護保険料

世帯全員が非課税	第1段階	・生活保護被保護者 ・老齢福祉年金受給者 ・本人年金収入等80万円以下	0.5 (0.3)
	第2段階	本人年金収入等80万円超120万円以下	0.75 (0.5)
	第3段階	本人年金収入等120万円超	0.75 (0.7)
本人非課税・世帯に課税者がいる	第4段階	本人年金収入等80万円以下	0.9
	第5段階	本人年金収入等80万円超	1
本人課税	第6段階	合計所得金額120万円未満	1.2
	第7段階	合計所得金額120万円以上210万円未満	1.3
	第8段階	合計所得金額210万円以上320万円未満	1.5
	第9段階	合計所得金額320万円以上	1.7

(注)　（　）内は公費投入により減額された保険料率です。また、「合計所得金額」とは、収入から公的年金控除や給与所得控除、必要経費を控除した後で、基礎控除や人的控除等の控除をする前の所得金額をいいます。

(出典)厚生労働省『全国介護保険担当課長会議資料』（令和5年7月）をもとに著者作成

　介護保険制度が2000（平成12）年4月に実施されたときは、利用者負担は所得の多寡にかかわらず全員が1割負担でした。その後、負担能力があるとされる一定以上の所得者については、2015（平成27）年8月から2割負担になりました。さらに、2018（平成30）年8月からは、2割負担者の中で「現役並みの所得者」については3割負担が導入され、現在に至っています。

　毎年7月中旬頃に、市町村から被保険者に対して負担割合を記載した負担割合証が発送されます。有効期限は8月1日から翌年7月31日までです。

　なお、最近では政府の審議会で、2割負担の対象者を増やす方向で議論が行われています。

[1] 1割負担

　本人の合計所得金額が160万円未満の人です。

　合計所得金額とは、収入から公的年金等控除や給与所得控除、必要経費を控除した後で、基礎控除や人的控除等の控除をする前の所得金額です。

　年金収入であれば、「年金収入額－公的年金等控除（120万円・平成30年度税制改正前の額）」となるので、**単身で年金収入のみの場合は、年金収入が280万円未満の人**です。

　単身者（男性の場合）の平均的な1年間の厚生年金受給額（基礎年金を含む）は約200万円（令和3年度厚生年金保険・国民年金事業の概況）ですから、年金収入だけの人はほとんどが1割負担です。

[2] 2割負担

　基本的に本人の合計所得金額が160万円以上220万円未満の人で

す。**年金収入のみの人ですと、年金収入が280万円以上の人です。**

ただし、次の条件にあう人は1割負担です。

・単身世帯（第1号被保険者が1人）の場合、年金収入＋その他の合計所得金額が280万円未満

・2人以上世帯（第1号被保険者が2人）の場合、年金収入＋その他の合計所得金額が346万円未満

[3]3割負担

本人の合計所得金額が220万円以上の人です。

ただし、次の条件にあう人は2割負担または1割負担です。

・単身世帯の場合、年金収入＋その他の合計所得金額が340万円未満

・2人以上世帯の場合、年金収入＋その他の合計所得金額が463万円未満

なお、本書第2章第1節の「7　繰下げ受給とは」で説明しましたが、年金の繰下げ受給により**年金額が増額すると、自己負担割合が高くなることがあるかもしれません**（このほか住民税等も増額になります）。

図1　利用者負担のフローチャート

（出典）厚生労働省『第108回社会保障審議会介護保険部会　参考資料1』

介護保険の利用者負担を軽減する制度がある

　介護保険制度では、利用者負担が過度に重くならないように、利用者負担を軽くするいくつかの軽減制度があります。**高額介護サービス費、特定入所者介護サービス費（補足給付）**などです。

[1] 高額介護サービス費

　1カ月の介護サービスの利用者負担額の合計が一定の上限額を超えた場合、超えた分が高額介護サービス費として利用者に支給されます。医療保険制度にある高額療養費制度と同じ趣旨の制度です。

　具体的な内容は右ページの表3の通りです。「一般」の人の上限は月額4万4,400円です。所得が高い場合は上限額が引き上げられます。逆に低所得の場合は上限額が引き下げられ、利用者負担の一層の軽減が図られています。

　課税所得の判定ですが、世帯に属するすべての第1号被保険者それぞれの課税所得を把握し、その中で最も高い課税所得に該当する区分がその世帯の負担上限額となります。なお、世帯内の第1号被保険者がいずれも非課税で、別の人が課税となっている場合は、「一般」区分となります。

　介護サービスの利用者負担のうち、福祉用具購入費や住宅改修費あるいは支給限度額を超えた自己負担分については、高額介護サービス費の対象外となります。

[2] 高額医療合算介護サービス費

　介護費用負担と医療費負担とが重複している場合、介護・医療の世帯負担の合算額に年単位で上限を設けて費用負担を図る制度があります。この給付を、介護保険では高額医療介護合算サービス費、医療保険では高額介護合算療養費といいます。所得区分に応じた世

帯の負担限度額を超えたとき、超えた分が払い戻されます。

表3　高額介護サービス費（令和3年8月から）

課税所得690万円（年収約1,160万円）以上	（世帯）140,100円
課税所得380万円以上（年収約770万円）690万円未満	（世帯）93,000円
一般（市町村民税課税世帯で課税所得380万円未満）	（世帯）44,000円
世帯の全員が市町村民税非課税	（世帯）24,600円
世帯の全員が市町村民税非課税 　①　前年の公的年金等収入金額とその他の合計所得 　　金額の合計が80万円以下の人 　②　老齢福祉年金受給者	（世帯）24,600円 （個人）15,000円
生活保護受給者	（個人）15,000円
15,000円への減額により生活保護の被保護者とならない場合	（世帯）15,000円

（注）　（世帯）とあるのは、世帯合算ができるということです。つまり、個人では上限を超えていなくても、同じ世帯に介護サービス利用者がいれば負担額を合算できます。
　　　　「一般」よりも上の段階は、介護サービスの利用者または同一世帯内に課税所得380万円（年収約770万円）以上の65歳以上の人がいる場合に対象になります。
著者作成

[1] 特定入所者介護サービス費

　低所得の要介護者が施設サービス（介護保険施設および地域密着型介護老人福祉施設）や短期入所サービスを利用したとき、食費・居住費（滞在費）について、介護保険から特定入所者介護サービス費が支給されることにより、利用者負担が軽減されます。一般に「補足給付」と呼ばれています。

　支給額は、食費・居住費（滞在費）のそれぞれについて、基準費用額から所得段階や居室環境に応じた負担限度額を差し引いた額の合計額です。この給付は施設等に直接支払われることにより利用者負担は軽減され、低所得者の負担は所得に応じた負担限度額までになります。

　補足給付の対象となる「低所得者」の基準は、表4の通りです。

　この場合の「世帯」には世帯分離している配偶者も含みますので、配偶者が市町村民税課税者である場合は給付対象から外れます。また、預貯金の額が一定額（単身世帯の場合で1,000万円、夫婦の場合で2,000万円など）を超える人も対象外になります。

　特定入所者介護サービス費の対象となる施設は、介護老人福祉施設、介護老人保健施設、介護療養型医療施設（2024（令和6）年3月末で廃止）、介護医療院、地域密着型老人福祉施設入所者生活介護、短期入所生活介護、短期入所療養介護、の7つです。有料老人ホームやサービス付き高齢者向け住宅は支給対象外です。通所介護や通所リハビリ、訪問介護も対象外です。

　特定入所者介護サービス費を受けるには、本人または代理人が住所地の市町村の担当窓口に申請し、負担限度額認定を受ける必要が

あります。認定証の有効期限は、8月1日から翌年の7月31日までの
1年間です。

[2] その他の利用者負担軽減制度

　高額介護サービス費や特定入所者介護サービス費以外にも、市町
村が「生計が困難である」と認めた者に対する軽減制度や、社会福祉
法人による軽減制度などがありますので、適宜、市町村担当窓口に
問い合わせてください。

表4　食費・居住費（滞在費）の補足給付の利用者負担段階

利用者負担	所得等の要件（A）	資産等の要件（B）
第1段階	・生活保護世帯 ・世帯（世帯分離をしている配偶者を含む、以下同じ）全員が市町村民税非課税である老齢福祉年金受給者	要件なし 単身1,000万円以下 夫婦2,000万円以下
第2段階	世帯全員が市町村民税非課税、本人の年金収入額とその他の合計所得金額80万円以下	単身650万円以下 夫婦1,650万円以下
第3段階	・世帯全員が市町村民税非課税、本人の年金収入額とその他の合計所得金額80万円超120万円以下 ・世帯全員が市町村民税非課税、本人の年金収入額とその他の合計所得金額120万円超	単身550万円以下 夫婦1,550万円以下 単身500万円以下 夫婦1,500万円以下
第4段階	世帯に課税者がいる者、または市町村民税本人課税者	要件なし

（注）　補足給付を受けるには、AおよびBの両方の要件を満たすことが必要。Bを満たせない場合は
　　　第4段階となります。年金には老齢年金ほかに障害年金や遺族年金も含みます。
著者作成

第4章

年金制度と
その他の社会保障制度

　ここでは、生活保護制度や生活困窮者自立支援制度、医療・雇用保険制度と年金制度との関係を解説します。

❶ 年金と生活保護制度との関係

> **POINT** 年金収入があっても生活保護を受給できる場合がある

　生活保護は、生活保護法に基づき、健康で文化的な最低限度の生活の保障と自立の助長を図ることを目的として、生活困窮者に対して必要な支援を行う制度です。

[1] 生活保護を受けられる人

　生活保護の対象者は生活困窮者ですが、資産、能力等あらゆるものを活用することを前提に必要な保護が行われます。次のような状態の人が対象となります。

- ・就労できない、または就労していても必要な生活費を得ることができない
- ・不動産や預貯金等、ただちに活用できる資産がない
- ・年金、手当等の社会保障給付の活用をしても必要な生活費を得ることができない

[2] 最低生活費

　必要な生活費は、年齢、世帯の人数等により定められています。これを**最低生活費**といい、最低生活費以下の収入の場合に生活保護を受給できます（生活保護の給付の種類では生活扶助といいます）。イメージは、図1の通りです。

　したがって、年金受給者でも、年金を含めた収入が最低生活費よりも少なければ、その差額分を生活扶助費として受給できます。

図1　生活保護のイメージ

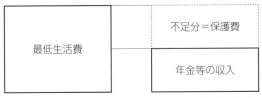

年金等の収入額と最低生活費を比較して、最低生活費の不足分が保護費（生活扶助）として支給される

著者作成

● 生活保護の手続き

　生活保護の申請は国民の権利です。生活保護を必要とする可能性がある利用者には、次の手続きをとってもらう必要があります。

　生活保護の申請は本人のほかにも、扶養義務者または同居の親族が代理で行うことが可能です。それ以外の人は、福祉事務所に同行することはできますが、申請することは認められていません。

①　住所地の福祉事務所（生活相談等の窓口）に相談します。

②　生活保護の申請をします。

③　福祉事務所において、ケースワーカーによる家庭訪問調査や、資産調査、扶養義務者への照会等を行い、保護を受けられるかどうかや、支給する保護費の決定のための審査が行われます。

④　福祉事務所は、保護の申請から原則として14日以内に生活保護を受けられるかどうか判断し、申請者にその結果を通知します。

● 生活保護の適用を受けた場合の介護保険との関係

・　65歳以上の高齢者は介護保険の第1号被保険者ですが、生活保護が適用されると、介護保険料は生活保護の生活扶助で支払われますので、本人負担はありません。

・　介護サービスを利用したときは、保険給付にあたる部分は介護保険から給付され、自己負担部分は生活保護の介護扶助で支払われますので、本人負担はありません。

> **POINT** 生活困窮者自立支援制度は、生活保護に至る
> 前の支援を行うとともに、生活保護から脱却
> した人が再び生活保護に頼ることのないよう
> にすることを目的とする制度

[1] 生活困窮者自立支援制度について

生活困窮者自立支援制度は、生活困窮者自立支援法に基づく制度です。同法は、2013(平成25)年12月に国会で制定され、2017(平成29)年4月から施行されています。

この制度の対象者は、「現に経済的に困窮し、最低限度の生活を維持することができなくなるおそれのある者」(生活困窮者自立支援法第3条)で、生活保護の適用まではいかない生活困窮者です。低年金の高齢者も対象となる可能性があります。

実施主体は市町村です。事業には、包括的な相談支援を行う自立相談支援事業(必須事業)と、本人の状況に応じた支援を行う各支援事業(任意事業)があり、自立相談支援機関において策定される自立支援計画に基づき支援が行われます。

相談・申請は、市町村の相談窓口、自立相談支援事業所で行います。

[2] 生活困窮者自立支援制度における支援事業

① 必須事業

　ⅰ　自立相談支援事業(就労その他の自立に関する相談支援、支援計画の作成等)

　ⅱ　住居確保給付金の支給(離職・廃業等により住居を失った生活困窮者に対して家賃相当の給付金を一定期間支給)

② 任意事業

　ⅰ　就労準備支援事業(就労に必要な訓練を実施)

ⅱ 一時生活支援事業（住居のない人に対して一定期間宿泊場所や衣食の提供等を行う）

ⅲ 家計改善支援事業（家計に関する相談、家計管理に関する指導、貸付のあっせん等を行う）

ⅳ 学習支援事業（生活困窮世帯の子どもに対して学習支援や保護者への進学助言等を行う）

＊ 任意事業の実施については、自治体によって異なります。

図2 生活困窮者自立支援制度のイメージ

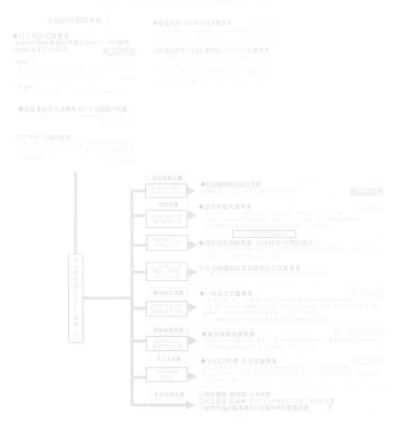

（出典）通知『こども施策と生活困窮者自立支援制度との連携について』令和5年8月25日、こ支虐第144号・こ支家第211号・社援地発0825第1号を一部改変

POINT 前期高齢者（65歳以上75歳未満）は現役時代の医療保険制度に加入し、後期高齢者（75歳以上）は後期高齢者医療制度に加入する

[1] 高齢者が加入する医療保険制度

日本では「国民皆保険」ですから、各人が必ずどこかの医療保険制度に加入しています。

高齢者の場合、前期高齢者（65歳以上75歳未満）の人は国民健康保険か被用者保険（健康保険や共済組合など）に加入し、後期高齢者（75歳以上の人）は後期高齢者医療制度に加入します。

後期高齢者医療制度の保険者は、各都道府県単位で設立された後期高齢者医療連合です。保険料は個人単位で賦課・徴収されます。

[2] 高齢者が窓口で負担する医療費の負担割合

医療費の窓口の自己負担割合は、**69歳までは3割負担、70歳から74歳までは原則2割負担、75歳以上は原則1割負担**です。

後期高齢者医療制度に加入している人は、表1の通り、一般所得者は1割、一定以上所得者は2割、現役並み所得者は3割です。

● 高額療養費制度について

医療費の自己負担額が重くならないように、1カ月で上限額を超えた場合は、その超えた額を支給する「高額療養費制度」があります。

表2は、70歳以上の場合の高額療養費制度です（69歳未満の場合は異なります）。

例えば、年収区分で「II　住民税非課税世帯」に該当する人の場合、1カ月の自己負担が10万円だとしても、上限額の24,600円を負担すればよく、それ以上については高額療養費制度によって賄われます。低い年金などで低所得の利用者でも、この制度を活用すれば安心して医療を受けることができます。

表1　後期高齢者医療制度における自己負担割合

1割	一般の所得者	下記の2割、3割に該当しない場合
2割	一定以上の所得のある人	次の①②の両方に該当する場合 ①　同じ世帯の被保険者の中に課税所得が28万円以上の人がいる ②　同じ世帯の被保険者の「年金収入」＋「その他の合計所得金額」の合計額（年額）が以下に該当する 　・被保険者1人の場合は200万円以上 　・同 2人以上の場合は合計320万円以上
3割	現役並み所得者	同じ世帯の被保険者の中に課税所得が145万円以上の人がいる場合 ＊　一定の基準・要件を満たす場合、1割または2割になるケースがあります。

著者作成

表2　高額療養費制度の概要（70歳以上の場合）

適用区分		外来(個人ごと)	ひと月の上限額（世帯ごと）
現役並み	年収約1,160万円～ 標報83万円以上／課税所得690万円以上	252,600円＋(医療費－842,000)×1％	
	年収約770万円～約1,160万円 標報53万円以上／課税所得380万円以上	167,400円＋(医療費－558,000)×1％	
	年収約370万円～約770万円 標報28万円以上／課税所得145万円以上	80,100円＋(医療費－267,000)×1％	
一般	年収156万～約370万円 標報26万円以下 課税所得145万円未満等	18,000円 年14万4千円	57,600円
非課税住民税等	Ⅱ 住民税非課税世帯	8,000円	24,600円
	Ⅰ 住民税非課税世帯 (年金収入80万円以下など)		15,000円

（注1）　1つの医療機関等での自己負担（院外処方代を含みます。）では上限額を超えないときでも、同じ月の別の医療機関等での自己負担を合算することができます。この合算額が上限額を超えれば、高額療養費の支給対象となります。
　　　　「標報」とは、標準報酬（月額）のことである。
〔編注〕　1人の負担額では上限額を超えなくても同じ世帯員の負担額を合計すると上限額を超える場合は適用されます（世帯合算のケース）。また、1年間に3回適用された場合、4回目からは上限額が下がります（多数回該当のケース）。
（出典）厚生労働省保健局『高額療養費制度を利用される皆さまへ』を一部改変

● 高額医療・高額介護合算療養費制度について

　1年間の医療保険と介護保険の自己負担の合算額が著しく高額であった場合に自己負担額を軽減する制度があります。申請をすれば負担額の一部が払い戻されます。

POINT 特別支給の老齢厚生年金などの65歳になる
までの老齢年金と雇用保険の失業給付は同時
には受けられない

[1]65歳前の年金と雇用保険の調整

　65歳になるまでの老齢厚生年金（特別支給の老齢厚生年金を含む）
を受給している人が、雇用保険の失業給付または高年齢雇用継続給
付を受給する場合、年金額の全額または一部が支給停止されます。

　雇用保険法の失業給付を受給するためには、ハローワークで求職
の申込みをする必要がありますが、ハローワークで求職の申込みを
したときは、実際に失業給付を受けたかどうかには関係はなく、一
定の間、加給年金額も含めて老齢厚生年金の全額が支給停止されます。

　年金が支給停止される期間は、求職の申込みをした月の翌月から
失業給付の受給期間が経過した月、または所定給付日数を受け終わ
った月までです（図3参照）。

　高年齢雇用継続給付とは、雇用保険の被保険者期間が5年以上あ
る60歳以上65歳未満の雇用保険の被保険者に対して、賃金額が60
歳到達時の75％未満となった人を対象に最高で賃金額の15％に相
当する額が支払われるものです。年金を受けながら高年齢雇用継続
給付を受けられるときは、在職による年金の支給停止だけでなく、
さらに年金の一部が停止されます。

[2]65歳以上の年金と雇用保険の調整

　65歳以上で定年退職して失業した方は、**失業保険の中の高年齢求
職者給付金と老齢厚生年金の両方を受給できます。**

　高年齢求職者給付金とは、65歳以上の雇用保険の被保険者が失業
したときに受給できる給付金です。雇用保険の基本手当である失業

給付よりは期間が短く、被保険者期間が1年以上の場合は50日分になります。

[3] 障害年金や遺族年金の場合

障害年金や遺族年金の場合は、65歳未満で定年退職した場合あるいは65歳以上で定年退職した場合でも、すべて**失業保険と併給ができ**ます。

　＊　年金と雇用保険等の関係について、詳しく知りたい方はハローワークに問い合わせてください。

● 年金と雇用保険の失業給付との関係

図3　支給停止の基本的な仕組み

〔編注〕　雇用保険の基本手当を受給している間は、年金は停止されます。
（出典）日本年金機構ウェブサイト

Q&A編

ここでは、具体的な Q&A を 紹介します。

年金制度は複雑ですから、
不明な点や確認したい点があれば、
お近くの年金事務所や年金相談センターまたは
下記の日本年金機構やねんきんダイヤルなどに
お問い合わせください。

日本年金機構のホームページ
https://www.nenkin.go.jp/

ねんきんダイヤル
0570－05－1165

アセスメントの際には利用者の年金の受給状況について も把握しておく必要がありますが、お金の話をすると怒りだしてしまい、話が進みません。せめて公的年金の状況だけでもわかればと思うのですが、直接、お金の話をせずに、年金の受給状況を推測できる方法や話題はないでしょうか？

現役時代の職業を聞けば、受給している年金等を 推測することは可能です

[1]　日本では1961（昭和36）年から「国民皆年金」の 体制になっていますから、現在の高齢者は何らかの 公的年金の加入者です。

　第1章で説明した通り、国民年金のみの加入者には老齢基礎年金、厚生年金保険の加入者には老齢厚生年金、厚生年金加入者の夫が死亡した後の女性には遺族厚生年金と、高齢者は何らかの年金を受給している場合がほとんどです。

　利用者との会話の中で、現役時代の職業を尋ねると、現在どのような年金を受給しているのか、おおよそのことは推測できるでしょう。

[2]　2023（令和5）年10月改正の「課題分析標準項目」の中で「年金の受給状況（年金種別等）」が明記されました。

　アセスメントの際に、国（厚生労働省）から利用者の年金の受給状況（年金の種類や年金額など）を把握するように指示されている、と説明すれば協力して

いただけるでしょう。Q2も参考にしてください。

➡ 第1章 [2 日本の年金制度]

　サービス利用にあたり、自己負担をどの程度できる
のか、利用者のだいたいの年金額を知っておきたいの
ですが、うまく聞き出せません。おおよその額や目安
がわかればよいのですが、何か良い方法はないでしょ
うか？

　現在、国民年金の老齢年金や、厚生年金保険の老
齢の年金を受給している人の平均額はわかります

[1]　第2章第1節で説明した通り、国民年金の老齢基
　　礎年金は2023（令和5）年度では年額795,000円（月
　　額66,250円）です。ただし、これは国民年金に40
　　年間加入し保険料を完全納付した場合の金額です。
　　仮に加入期間・保険料納付期間が30年間の場合は、
　　この金額の4分の3になります。また、繰上げ受給を
　　していると、繰上げ時期に応じて減額された年金に
　　なります。

[2]　厚生労働省『令和3年度厚生年金保険・国民年金
　　事業の概況』によると、老齢年金の受給者の平均額
　　は月額約56,000円（年額換算約672,000円）です。
　　　一方、厚生年金保険ですが、実際に受給している
　　老齢年金（老齢基礎年金に老齢厚生年金を加えたもの）
　　の平均月額は約144,000円（年額換算約1,728,000
　　円）です。報酬の相違などから男女差があり、65歳
　　以上の人の平均月額は男性は約169,000円、女性は
　　約109,000円です。
　　　障害年金や遺族年金の額は第2章の第2節、第3節

で解説した通りです。

[3]　Q1で説明したとおり、「課題分析標準項目」の中に「年金の受給状況（年金種別等）」が明記されました。国（厚生労働省）は、年金の受給状況を確認した上で、月々の介護保険サービスにどのくらいの金額を支出可能か等についても確認することが必要である、としています。利用者に対して、こうした国（厚生労働省）の指示や、ケアプラン作成のためには必要な情報であることを説明して、おおよその年金受給額を聞き出したらどうでしょうか。

➡　第2章第1節「1　老齢基礎年金とは（その1）」

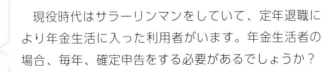

Q 現役時代はサラーリンマンをしていて、定年退職により年金生活に入った利用者がいます。年金生活者の場合、毎年、確定申告をする必要があるでしょうか？

A 一定の条件に該当するのであれば、確定申告は不要です。ただし、医療費控除などの控除を受けたい場合には、確定申告をする必要があります。

[1]　公的年金は「雑所得」として課税の対象になっており、一定金額以上を受給するときには、所得税および復興特別所得税が源泉徴収されていますので、確定申告を行って税金の過不足を清算する必要があります。なお、障害年金や遺族年金は非課税です。

　年金受給者の確定申告手続きに伴う負担を減らすために、公的年金等に関する「確定申告不要制度」が設けられています。これにより多くの人は確定申告を行う必要はありません。

[2]　確定申告不要制度の対象者は、次の①②のいずれにも該当する人です。

　　①　公的年金等（注1）の収入金額の合計額が400万円以下であり、かつ、その公的年金等の全部が源泉徴収の対象となる

　　②　公的年金等に係る雑所得以外の所得金額（注2）が20万円以下である

　したがって、源泉徴収の対象となる**公的年金等の収入金額が400万円以下であっても、公的年金等に**

105

係る雑所得以外の所得金額が20万円を超える場合には、確定申告を行う必要があります。

（注1）　国民年金や厚生年金、共済組合から受ける老齢年金（老齢基礎年金、老齢厚生年金、老齢共済年金）、恩給や確定給付企業年金契約に基づいて支給を受ける年金など
（注2）　生命保険や共済などの契約に基づいて支給される個人年金、給与所得、生命保険の満期返戻金など

[3]　確定申告不要制度の対象者でも、次のような場合に所得税の還付を受けるには確定申告が必要です。
　①　一定額以上の医療費を支払った場合（医療費控除）
　②　生命保険料や地震保険料を支払った場合（生命保険料控除、地震保険料控除）
　③　マイホームを住宅ローンなどで取得した場合（住宅借入金等特別控除）
　④　ふるさと納税などで寄附をした場合（寄附金控除）
　⑤　災害や災難にあった場合（雑損控除）

　　公的年金に対する課税は、収入額全部に課税されるのではなく、収入額から**公的年金等控除**や各種所得控除を差し引いた「所得」に対して課税されます。
　　公的年金等控除の額は、公的年金の金額に応じて決められています。

　・65歳未満で公的年金が130万円未満の人の場合は60万円
　・65歳以上で公的年金が330万円以下の場合は110万円

　　例えば、65歳以上の人で老齢年金の額が年間160万円の場合、110万円は控除されますから、残りの50万円が所得になります。仮に老齢年金の額が110万円以下であれば、非課税になります。

遺族年金と老齢年金の
併給の可能性

④

遺族年金を受給している利用者（第2号被保険者）の
家族から、「65歳になれば老齢年金ももらえるように
なるので、施設に入れたい」と言われています。在宅
の継続が可能ですが、お金の余裕ができるので介護付
き有料老人ホームを考えているようです。本当に遺族
年金と老齢年金の両方を受給できるのでしょうか？

年金制度には「一人1年金の原則」がありますから、
老齢年金、障害年金、遺族年金という3種類のうち、
どれか1種類しか受給できません

ただし、65歳以上の人は、特例により遺族年金と
あわせて、老齢年金の一部を受け取ることができます

[1]　第1章の「9　年金の併給」で解説した通り、年
　　　金制度には「**一人1年金の原則**」があります。老齢年
　　　金（老齢基礎年金と老齢厚生年金）、障害年金（障害
　　　基礎年金と障害厚生年金）、遺族年金（遺族基礎年金
　　　と遺族厚生年金）という3種類の年金のうち、どれか
　　　1種類しか受給できません。
[2]　ただし、65歳以上の人には特例があります（第2
　　　章第3節の「5　遺族年金と老齢年金の併給の問題」
　　　を参照）。
　　　　まず、老齢基礎年金だけの受給の人の場合は、老
　　　齢基礎年金と遺族厚生年金をあわせて受けることが
　　　できます。
　　　　次に老齢厚生年金と遺族厚生年金の両方を受ける
　　　権利があるときは、原則として老齢厚生年金が支給

されることになり、遺族厚生年金は、老齢厚生年金
より年金額が高い場合にその差額を受けることがで
きます。遺族厚生年金より老齢厚生年金の年金額が
高い場合は、遺族厚生年金は全額支給停止になります。

（イメージ図）

遺族厚生年金		受け取れる年金
支給停止 （老齢厚生年金相当額）	老齢厚生年金	
	老齢基礎年金	

（出典）日本年金機構パンフレット『2つ以上の年金を受け取れる方へ　受け取る
年金を選択する手続きのご案内』

受け取る年金を選択するには、「**年金受給選択申出書**」
による手続きが必要です。

➡ 第1章「9　年金の併給」
　第2章第3節「5　遺族年金と老齢年金の併給の問
　題」

Q

聴覚障害のある利用者（64歳）がいます。障害年金の申請をしないまま65歳の誕生日を3カ月後に控えています。以前は基準に該当しないため（片耳は聴こえていた）、障害年金を申請しませんでしたが、加齢とともに障害の程度が進んでおり、最近は両耳ともほとんど聴こえなくなっています。今からでも障害年金を申請できるのでしょうか？

A

可能ですが、障害年金の手続きを65歳の誕生日の2日前までに済ませておく必要があります。また、障害年金の受給にあたっては保険料納付要件など、一定の条件があります。

障害認定日に法令に定める障害の状態に該当しなかった人でも、その後症状が悪化し、法令に定める障害の状態になったときは、請求日の翌月から障害年金を受給できます。

ただし、**障害年金の請求手続きは65歳の誕生日の前々日（誕生日の2日前）までに済ませておく必要があります。**

また、障害年金を受け取るには、次の条件を満たしていることが必要です。

① 障害年金を受け取るには、初診日に国民年金または厚生年金に加入していることが必要です。初診日とは、「障害の原因となった病気やけがなどで、初めて医師の診察を受けた日」です。初診日が「65歳の誕生日の前々日」以前であることが必要です。

② 障害年金を受け取るための保険料の納付要件と

109

して、初診日の前日において、初診日がある月の2カ月前までの被保険者期間で、国民年金の保険料納付期間（厚生年金保険の被保険者期間、共済組合の組合員期間を含む）と保険料免除期間をあわせた期間が3分の2以上であることが必要です。

なお、初診日が2026（令和8）年3月末日までにあるときは、保険料の納付要件の特例があります。すなわち、①初診日において65歳未満であること、②初診日の前日において初診日がある月の2カ月前までの直近1年間に保険料の未納期間がないことの両方に該当すれば、保険料の納付要件を満たすものとされています。

③　障害認定日において、障害等級に該当していること。原則として初診日から起算して1年6カ月を経過した日を「障害認定日」といいます。その時点で障害状態かどうかを「国民年金・厚生年金保険障害認定基準」により判断します。障害認定日は、65歳の誕生日を過ぎていても大丈夫です。

なお、**老齢基礎年金の繰上げ請求をしている場合は、障害年金の請求はできません。**

また、障害年金の時効は5年ですから、**遡及適用が認められれば、直近の5年分の障害年金を受け取ることができます。**

➡　第2章第1節「6　繰上げ受給とは」
　第2章第2節「2　障害年金の受給の要件」、「5　障害年金で注意すべきこと」

若い頃に精神疾患となり、障害年金を受給してきた利用者がいます。障害の程度が軽くなり、このたび障害認定を外れることになりました。障害認定を受けて以来、国民年金は保険料免除となっていて納付していないらしいのですが、今後の年金はどうなるのでしょうか？　公的年金以外の収入源はないようで、利用者の生活やサービス利用に支障が出ないかで心配です。

障害年金は停止されよう、保険料免除でした以降65歳以降に受け取る老齢基礎年金は減額になります？

[1]　障害によっては、時間の経過とともに認定時の障害の程度よりも軽くなったり、重くなったりする場合があります。

　そのため、障害年金には、定期的に見直しが必要な「**有期認定**」と、見直しが行われない「**永久認定**」があります。支給決定時に送られてきた年金証書に、「次回診断書提出年月」（通常は数年後の誕生月）が書かれていたら有期認定、その記載がなければ永久認定です。

　有期認定の場合は、1〜5年の一定期間おきに、障害状態確認届の用紙が届き、そのときの状態について医師に診断書を記入してもらって提出します。これが「更新」と呼ばれる手続きです。

　有期認定の更新の際に、状態が改善して障害等級が低くなった場合は、支給額が減額あるいは支給停止となります。その後、また状態が悪化した場合は、

「老齢・障害給付受給権者支給停止事由消滅届」を提出することで支給停止を解除できます。逆に、更新の際に障害の程度が重くなっていたら高い障害等級に変更され、支給額が増加します。

　なお、20歳前障害基礎年金の受給者で一定以上の所得（給与所得控除後の金額）がある場合も、年金額の調整が行われ、所得が一定額を超える場合は、半額または全額支給停止があります。

[2]　障害基礎年金受給者は自動的に国民年金の保険料が免除されます（ただし、会社等に就職して厚生年金に加入している人は別です）。保険料の免除には「申請免除」と「法定免除」がありますが、障害基礎年金受給者の場合は法定免除です。

　しかし、保険料が免除されると年金額も減額されます。国民年金の場合は、保険料のすべてを免除されると老齢基礎年金の額は2分の1となります。**65歳以上で障害年金が停止されると、低い金額の老齢基礎年金を受給することになります。**

　こうしたリスクを回避するためには、有期認定の場合には、任意に国民年金保険料を納入しておくか、あるいは法定免除期間の保険料の追納により増額させるということが考えられます。追納ができるのは追納が承認された月の前10年以内の免除期間に限られています。

➡　第1章「7　保険料の免除制度（その1）」
　　第2章第1節「2　老齢基礎年金とは（その2）」
　　第2章第2節「5　障害年金で注意すべきこと」

7 高齢期の障害年金の申請

Q 糖尿病網膜症で視力が著しく低下してきている利用者がいます。すでに老齢年金を受給していますが、視覚障害としてこれから障害年金を請求することはできますか？

A 65歳を過ぎると障害年金の請求はできません。

5のQ&Aで解説した通り、**障害年金の請求手続きは65歳の誕生日の2日前までに済ませておかなければなりません。**老齢基礎年金の受給開始年齢が65歳ですから、65歳以降は老齢基礎年金を受給するため、障害年金は請求することができません。

　また、老齢基礎年金の繰上げ受給をしていると65歳以前でも障害年金の請求はできません。

➡ 第2章第1節「1　老齢基礎年金とは（その1）」、「6　繰上げ受給とは」

⑧ 障害年金と生活保護との関係

障害年金を受給している利用者がいます。介護サービスの利用はおろか、生活が苦しい様子で生活保護を申請したほうがよいのではないかと思うのですが、障害年金と生活保護の両方を受給することは可能なのでしょうか。

可能ですが、障害年金が優先され、生活保護費は最低生活費から障害年金額を引いた差額のみが支給されます。なお、1級と2級の障害年金の受給者には、生活保護費に障害者加算がつきます。

生活保護制度では「保護の補足性の原理」というものがあります。これは、生活保護の適用を受けるには、本人が利用できる資産や能力、他の制度の支援などあらゆるものを活用することを前提にしているということです。したがって、障害年金を受給しているのであれば、まずは**障害年金が生活保護の適用に優先します**。

一方、本書の第4章の「1　年金と生活保護制度との関係」で説明した通り、生活保護の基準に基づく最低生活費と障害年金などを含む収入額とを比較して、収入額が低い場合は、最低生活費と収入額との差額を、生活保護費として受け取ることができます。

また、障害年金の受給者（1級と2級）には、生活保護費に**障害者加算**がつきます。障害者加算の金額は、居住地と障害年金の等級や身体障害者手帳等の等級によって異なりますが、おおよそ15,000〜26,000円です。なお、障害者加算は自動的に加算されるものでは

なく、福祉事務所で申請手続きを行う必要があります。

➡ 第4章 I 「年金と生活保護制度との関係」

⑨ 年金の繰下げの中断

Q 75歳まで年金受給を繰り下げることにしたものの、思わぬ事故で要介護となった利用者（68歳）がいます。リハビリによる機能回復が見込めるのですが、経済的な理由からサービス利用に消極的です。何とか説得したいのですが、繰り下げを中断して年金を受給することは可能でしょうか？

A 繰下げを中断して68歳時点で年金を受給することができます。

　老齢年金の繰下げ受給を希望する場合には、66歳の誕生日を過ぎてから、繰下げ支給の年金を受け取ることを希望する時期に年金事務所で手続きをします。書類は「**老齢年金支給繰下げ請求書**」を提出します。

　したがって、75歳まで繰り下げることを考えたとしても、繰下げ待機中の68歳時点で繰下げ支給を受けることが可能です。ただし、繰下げ増額率は68歳時点の数値になります（65歳時点の約25％増し）。

　また、68歳時点で、65歳までさかのぼって年金を請求することも可能です。この場合、3年分の年金を一括して受給できるので、介護サービスの利用者負担や病気の治療費に充てることができます。なお、年金は65歳時点の年金額で受給します。

　もし万が一、繰下げ待機中に本人が亡くなった場合は、65歳から受給できるはずだった年金を「**未支給年金**」として、遺族が一括して受け取ることができます。

➡ 第2章第1節「7　繰下げ受給とは」

 年金の繰上げ受給の課題

病気がちな60歳の介護サービス利用者がいます。加齢とともに状態が悪くなっておりこれから何歳まで生きられるかわからないので年金の繰上げ受給をしたいと言っていますが可能でしょうか？　また、どのような課題がありますか？

老齢年金の繰上げ受給は可能です。ただし、デメリットがあります

[1]　老齢年金（老齢基礎年金・老齢厚生年金）は、希望すれば、本来の受給開始年齢よりも早い時期に受け取ることができます。これを「**繰上げ受給**」といいます。繰上げは老齢基礎年金と老齢厚生年金を同時に行うことになり、どちらか一方だけ繰り上げることはできません。

　繰上げ受給は、60歳から65歳になるまでの間に請求することができます。65歳までの繰上げ受給を希望する時期に、年金事務所に「**老齢年金支給繰上げ請求書**」を提出してください。手続きを行った時点で繰上げ減額率が決まります。

　繰上げの場合の年金の減額は、本来の受給開始日までの月数ごとに0.4％（1962（昭和37）年4月2日以降生まれの人）年金額が減額され、その減額率は生涯変わりません。また、減額された年金は、繰上げ請求した月の翌月分から受け取ることができます。

[2]　老齢年金は本来、65歳からの支給ですから、繰上げ受給により65歳前に年金を受け取ることができ

117

ます。他方、次のようなデメリットがあります。

① 繰上げ受給を取り消すことはできず、年金額が
一生減額されたままになります。

60歳から受給すると本来の年金額の24％減です。
老齢基礎年金を60歳から受給した場合、79歳を過
ぎると65歳から受給した人の累計年金額に追い越さ
れてしまい、それ以降は差が広がるばかりになります。

② 65歳になるまで、繰り上げた老齢基礎年金と遺
族厚生年金を同時に受け取ることはできません。

例えば、60～64歳の間に会社員の夫（妻）が亡く
なった場合、老齢基礎年金の繰上げ受給をしていると、
どちらかの年金を選択することになります。

③ 障害基礎年金を受け取ることはできません。

重い病気やけがで障害状態になったとしても、老
齢基礎年金の繰上げ請求をした後は障害基礎年金を
請求することはできません。

④ 寡婦年金を受け取ることができません。

自営業者の夫が年金を受給する前に亡くなったと
き、60～64歳の妻に支給される寡婦年金が受け取
れなくなります。すでに寡婦年金を受給している人
も受給する権利がなくなります。

⑤ 任意加入や保険料の追納ができません。

国民年金の未納期間がある場合、繰上げ受給をす
ると、保険料の追納や60歳以降の任意加入ができな
くなります。

➡ 第2章第1節「6　繰上げ受給とは」

11 離婚時の年金分割

夫と離婚して、1人で介護付きの有料老人ホームに入ることを希望している利用者がいます。「離婚しても夫の年金の半分がもらえるから、経済的な不安はない」と言っていますが、本当でしょうか？

離婚時の年金分割により、分割を受けた方の人の年金は増額になりますが、それほど多額ではありません。

[1] 離婚時の年金分割とは、離婚する際に、夫婦が加入していた厚生年金の保険料納付記録のうち、報酬比例部分（基礎年金は対象外です）について、多い方（多くは夫）から少ない方（多くは妻）に分割する制度です。その結果、分割された方は、相手方の報酬比例部分の年金の一部を受け取ることができます。

離婚時の年金分割には、「**合意分割**」（2人の合意や裁判手続きにより、婚姻期間全体について厚生年金の保険料の納付記録を分割）と「**3号分割**」（第3号被保険者であった人からの請求により、2008（平成20）年4月1日以降の婚姻期間中の厚生年金の保険料の納付記録を分割）があります。分割の割合の最大は50％です。

[2] 離婚時の年金分割により**分割できるのは報酬比例部分（老齢厚生年金）のみ**で、そのうち婚姻期間中に保険料を払った部分のみです。相手方の**老齢厚生年金の半分をもらえるものではありません**。「令和3年度厚生年金保険・国民年金事業の概要」によると、年金分割を受けた側の年金分割前後の受給額（老齢

基礎年金を含む)の月額平均は、分割前が54,281円、分割後が85,394円と、平均で1カ月あたり約31,000円の増加です。

　なお、離婚後の年金分割を受けるためには、離婚後2年以内に年金事務所に行って手続きをしておく必要があります。

　本書の第2章第1節の「8　離婚時の年金分割」で解説していますので、こちらも参照してください。

➡　第2章第1節「8　離婚時の年金分割」

　若い頃、生活が苦しくて国民年金の保険料を未納したため、年金額が少ない利用者がいます。こうした低年金の人に対して何か支援策はないのでしょうか？

　国民年金の任意加入により年金額を増額させたり、年金生活者支援給付金による補充策や生活保護を利用したりする手段があります。

[1]　国民年金には、本人の申し出により「60歳以上65歳未満」の5年間（納付月数480月まで）、国民年金保険料を納めることで、65歳から受け取る老齢基礎年金を増やすことができる「**任意加入制度**」があります。

　任意加入のメリットは、老齢基礎年金を増やすことができるほかに、これまで納付期間が10年に満たない人が、任意加入により10年間納付することで、無年金を解消することができることです。

　任意加入ができる人は、次の①〜④のすべての条件を満たす人です。

①　日本国内に住所を有する60歳以上65歳未満

②　老齢基礎年金の繰上げ支給を受けていないこと

③　20歳以上60歳未満までの保険料の納付月数が480月（40年）未満

④　厚生年金保険、共済組合等に加入していないこと

また、上記のほか次の人も加入できます。

・年金の受給資格期間を満たしていない65歳以上70歳未満の人

・外国に居住する日本人で、20歳以上65歳未満の人

　なお、通算の給付月数の480カ月を超えて納付することはできません。

　任意加入の手続きは、住所地の市（区）役所または町村役場の国民年金担当窓口で行います。

（参考）

年金増加額の例

5年間加入したと仮定した場合の保険料納付額と年金増加額は次のとおりです。
※令和5年度の保険料額、年金額（65歳時満額の795,000円）で計算しています。

● 5年間の保険料納付額（総額）……991,200円
● 65歳から受け取る年金の増加額
　・70歳……約　　496,000円（5年間の総額）
　・75歳……約　　993,000円（10年間の総額）
　・80歳……約1,490,000円（15年間の総額）

（出典）日本年金機構パンフレット『あなたも国民年金を増やしませんか？（任意加入制度のご案内）』

[2]　さらに、60〜64歳の任意加入中に**付加年金**に6年間（60カ月）加入すると、将来の老齢基礎年金に付加年金額が上乗せされます。付加年金の保険料は月額400円で、将来受け取る年金額は、200円×保険料の納付月数です。いつ始めても納めた保険料の総額は2年で元がとれ、3年目からはプラスに転じます。

　また、付加年金は老齢基礎年金とセットで支給されるので、老齢基礎年金を繰り下げると付加年金も一緒に繰下げとなり、老齢基礎年金と同じ増額率で増えていきます。

[3]　**年金生活者支援給付金**の利用があります。65歳以上で、老齢基礎年金の受給を開始している人のうち、①同一世帯の全員が市町村民税非課税、②前年の公

的年金等の収入額とその他の所得の合計額が87万8,900円以下、という要件に当てはまる人は、年金に上乗せで「年金生活者支援給付金」を受け取ることができます（本書第2章第5節を参照してください）。

[4]　年金だけではどうしても生活が苦しい場合は、福祉事務所に相談をして、生活保護の適用を受けられる可能性があります。

➡　第2章第1節「2　老齢基礎年金とは（その2）」
　　第2章第5節「1　年金生活者支援給付金とは(その1)」
　　第4章「1　年金と生活保護制度との関係」

⑬ 年金と給与収入との関係

Q サービス付き高齢者向け住宅に住んでいて、年金額が低いので70歳以上になってもサラリーマンとして働きたいという利用者がいます。この場合、サラリーマンとしての給与をもらうと年金は減額されるのでしょうか？

A 在職老齢年金制度が適用されますので、サラリーマンとしての収入額に応じて、老齢厚生年金（報酬比例部分）の全部または一部が支給停止になります。老齢基礎年金は全額受給できます。

　年金は、以前は70歳以上になれば収入に関係なく全額受給できましたが、2007（平成19）年4月からは、70歳以上の働く高齢者にも在職老齢年金制度が適用されるようになりました。

　70歳以上の人はサラリーマンでも厚生年金保険の保険料負担はありませんが、**在職老齢年金制度の適用により、収入額に応じて老齢厚生年金（報酬比例部分）の全部または一部が支給停止になります**。ただし、**老齢基礎年金は全額受けられます**。

　在職老齢年金制度の概要は次の通りです

①　総報酬月額相当額と老齢厚生年金の基本月額の合計が48万円以下の場合は、年金は全額受給できます。

②　総報酬月額相当額と老齢厚生年金の基本月額の合計が48万円を超える場合、次の式により、年金の一定額が停止されます。

受け取る年金額＝基本月額－（総報酬月額相当額＋老
　　　　　　　　齢厚生年金の基本月額－48万円）
　　　　　　　　×1/2

　　総報酬月額相当額とは、標準報酬月額に標準賞与額の
1/12を加えた額
　例えば、総報酬月額相当額が36万円で、年金の基本月額
が16万円の場合、両者の合計は52万円で48万円を超えま
す。上記の式にこれらの数値をあてはめて計算すると、受
け取る年金額は14万円になります。総報酬月額相当額と年
金をあわせると月額50万円の収入になります。
　70歳以降も働いて、年金を満額受け取るためには、毎月
の給与（賞与の一部を含む）と老齢厚生年金の額が48万円
を超えないようにする必要があります。
　なお、サラリーマンではなく自営業者として収入を得る
場合には、在職老齢年金制度の適用はありませんので、収
入にかかわらず年金を満額受給することができます。

➡　第2章第1節「5　老齢厚生年金の支給停止（在職老
　　齢年金制度）」

⑭ 年金の請求手続き

Q 新規の利用者ですが、独居で身寄りがなく、また認知症の症状も出てきており、年金関係の郵便物も放置され、年金の請求手続きもしていないようですが、年金は受け取れるのでしょうか。請求手続きを手伝うにあたって、どのような点に気をつければよいのでしょうか？

A 年金をもらい忘れていてもその後に請求すれば受け取ることはできます。ただし、年金の受け取りには5年の時効があります。

　年金を受け取るためには年金請求書の提出が必要です。年金の受給開始年齢になると、日本年金機構から年金請求書が送付されますので、それに必要事項を記入して添付書類とともに年金事務所へ提出することにより、年金の支給が始まります。

　年金請求書の提出期限の1年を過ぎても提出しなかった場合は、年金を受け取ることはできません。その場合は、年金事務所に用意してある年金請求書を使用してそれを提出すれば、年金を受け取ることができます。請求した時点でさかのぼって未払いの年金を受け取ることができますが、**年金の時効は5年**と定められていますので注意が必要です。

➡ 第2章第4節「1　年金の請求」

⑮ 亡くなった人の年金の受け取り

Q 老齢基礎年金を受給していた利用者が亡くなりました。遺族が現れて、まだ受け取っていない年金があるので、その受け取り方を尋ねてきました。どのような手続きが必要なのでしょうか。

A 「未支給年金」は、日本年金機構などの年金保険者に申請することにより、遺族が受け取ることができます

　年金は年6回に分けて偶数月の15日に、その前月までの2カ月分が支払われます。年金を受給中の人が亡くなった場合、受取る予定だった年金が未支給になります。偶数月に亡くなった人は1カ月分、奇数月に亡くなった人は2カ月分の年金が未支給になります。例えば3月に亡くなると、4月に受け取るはずだった2月、3月の2カ月分が未支給年金になります。

　未支給年金は、生計を同じくしていた遺族のうち、優先順位の高い人から請求することができます。故人との生計同一を証明できれば別居の遺族でも請求可能です。

　未支給年金がある場合は、日本年金機構などの年金保険者に申請することにより、後日、遺族が受け取ることができます。故人と別居していたときには生計同一関係に関する申立書を添付します。

　繰下げ待機中の人が年金を受給せずに亡くなった場合は、65歳から亡くなった日が属する月までの年金を、遺族は請求できます。

➡　第2章第4節「1　年金の請求」

索引

著者紹介

増田 雅暢 (ますだ まさのぶ)
東京通信大学教授・増田社会保障研究所代表・博士（保健福祉学）
埼玉県生まれ。1981年厚生省（現・厚生労働省）入省。介護保険制度の創設業務を担当。九州大学助教授、内閣府参事官、上智大学教授、岡山県立大学教授等を務める。専門は、社会保障政策、介護保険制度、少子化対策。主な著書は『介護保険はどのようにしてつくられたか』TAC出版、2022年、『逐条解説　介護保険法』法研、2016年、『介護保険の検証』法律文化社、2016年、『よくわかる社会保障論』同、2021年、『よくわかる公的扶助論』同、2020年等。

サービス・インフォメーション
────────── 通話無料 ──────
①商品に関するご照会・お申込みのご依頼
　　　　　TEL 0120 (203) 694／FAX 0120 (302) 640
②ご住所・ご名義等各種変更のご連絡
　　　　　TEL 0120 (203) 696／FAX 0120 (202) 974
③請求・お支払いに関するご照会・ご要望
　　　　　TEL 0120 (203) 695／FAX 0120 (202) 973

●フリーダイヤル（TEL）の受付時間は、土・日・祝日を除く
　9：00～17：30です。
●FAXは24時間受け付けておりますので、あわせてご利用ください。

これならわかる！
ケアマネが知っておきたい年金制度　基本の「き」
─アセスメントやケアプランに差がつく　利用者の生活を支えるお金のはなし─

2024年1月5日　　初版発行

著　者　　増　田　雅　暢

発行者　　田　中　英　弥

発行所　　第一法規株式会社
　　　　　〒107 - 8560　東京都港区南青山2-11-17
　　　　　ホームページ　https://www.daiichihoki.co.jp/

ケアマネ年金　ISBN978-4-474-09430-7　C2036 (0)